通海茗话

——华东理工大学“谈式”育人模式实践

倪　炜　崔姗姗　主编

華東理工大學出版社
EAST CHINA UNIVERSITY OF SCIENCE AND TECHNOLOGY PRESS
·上海·

图书在版编目(CIP)数据

通海茗语：华东理工大学“谈式”育人模式实践/倪炜，崔姗姗主编. —上海：华东理工大学出版社，2022.8

ISBN 978-7-5628-6647-3

Ⅰ. ①通… Ⅱ. ①倪… ②崔… Ⅲ. ①高等学校一思想政治教育一研究一中国 Ⅳ. ①G641

中国版本图书馆 CIP 数据核字(2022)第 124918 号

策划编辑 / 刘　军
责任编辑 / 牟小林
责任校对 / 章斯纯
装帧设计 / 徐　蓉
出版发行 / 华东理工大学出版社有限公司
地址：上海市梅陇路 130 号，200237
电话：021-64250306
网址：www.ecustpress.cn
邮箱：zongbianban@ecustpress.cn
印　　刷 / 上海新华印刷有限公司
开　　本 / 890mm×1240mm　1/32
印　　张 / 5.5
字　　数 / 99 千字
版　　次 / 2022 年 8 月第 1 版
印　　次 / 2022 年 8 月第 1 次
定　　价 / 48.00 元

编委会名单

前　言

为深入贯彻落实习近平总书记在全国高校思想政治工作会议上的重要讲话精神，深入推进"三全育人"综合改革，华东理工大学以通识教育为抓手、创新平台为载体，挖掘和运用各学科蕴含的思想政治教育资源，打造多主题、高频次、强互动、休闲式的系列谈话活动——"通海茶叙"，让氤氲茶香的思政活动浸润师生的心灵，让师生共融、共建、共成长，提高了思想政治教育的亲和力、针对性和实效性。

"通海茶叙"自 2016 年 4 月启动以来，共开展了 650 余场主题活动，7 000 余人次的学生与来自不同专业、不同背景的教师、校院领导和优秀校友等进行了面对面的交流与分享，形成了全员育人的强大合力。学生根据需求自主选择感兴趣的话题，在轻松的氛围中与嘉宾们进行敞开式的交流，在对话中获取知识，在互动中提升技能，在沟通中品味成长，成功实现了育人模式由"大水漫灌"到"精准滴灌"的转变。

本书源于“通海茶叙”这一平台多年来的实践和探索，以“青春立业，砥砺报国”为主线，围绕立志、创新、实践、文化等8个板块，从650余场活动中选取了主题鲜明、内容丰富、意义深刻的30场活动，将嘉宾们的精彩讲述提炼成30篇文章，反复斟酌后汇编成书。本书凸显了我校围绕素质教育的“第二课堂”进行文化育人、服务育人探索的初步成果，是落实立德树人根本任务、扎实推进“三全育人”工作的重要体现。

本书的编写者衷心感谢参与平台建设的老师和同学们，感谢所有支持平台工作、关心平台发展的社会各界同人，希望本书能够为高校思政教育拓展“谈式”育人模式带来启示，为高校推进“三全育人”工作提供参考，对广大思政工作者更好地开展工作有助益。

目　录

第一篇

青春立业　为国成才

现在在高校学习的大学生都是20岁左右，到2020年全面建成小康社会时，很多人还不到30岁；到本世纪中叶基本实现现代化时，很多人还不到60岁。也就是说，实现“两个一百年”奋斗目标，你们和千千万万青年将全过程参与。有信念、有梦想、有奋斗、有奉献的人生，才是有意义的人生。当代青年建功立业的舞台空前广阔、梦想成真的前景空前光明，希望大家努力在实现中国梦的伟大实践中创造自己的精彩人生。

——习近平：《青年要自觉践行社会主义核心价值观——在北京大学师生座谈会上的讲话》

利用资源互补，成就创业梦想

关键词：创业、机遇、人才、资源

嘉宾介绍：

骆守俭

骆守俭，华东理工大学创业教育奠基人，自2002年起在华东理工大学开展创业教育工作，目前已指导百余支大学生创业团队，培养了多支优秀创业团队，所指导的创业项目累计获得国家级、省市级各类创业大赛金、银、铜奖数十项。

嘉宾寄语：

现在的大学生可以很便捷地查阅各种文献资料，不用花费太多时间就能找到所需要的内容，不像我们以前，获取信息的渠道很少。我希望同学们在创业中遇到问题的时候，能够利用好丰富的学习资源和便利的学习渠道，主动查找资料、阅读文献，以解决问题。

引语：

意气风发的青年常常怀有“会当凌绝顶，一览众山小”的豪情壮志，但若是没有正确的引导，没有实际行动的支撑，没有持之以恒，这样的豪情壮志最终多半会随着岁月的流逝而消散殆尽。

抓住创业机遇

对创业者来说，“机遇”就像众多贝壳中的一粒珍珠，很宝贵，获得它不仅需要运气，还需要有充分的准备和寻找的毅力。

现如今，虽然大学生的创业意识不断增强，创业激情高涨，但仍然有很多人与成功擦肩而过，重要原因之一就是创业策划书不贴合实际。很多人忽视了创业的难度和复杂度，在写策划书的时候“依葫芦画瓢”，导致创业策划书不贴合实际。不贴合实际的表现之一是不接地气，换言之，即没有找到市场痛点，没有准确掌握相关的市场信息。

培根曾言：“在一切大事业上，人在开始做事前要像千眼神那样察看时机，而在进行时要像千手神那样抓住时机。”对一个创业者而言，瞄准市场痛点，抓住市场机遇，往往会事半功倍。

整合有效资源

创业者整合有效资源，利用资源的互补性，提高资源的利用效率，有助于加快成功的步伐。

以创业项目“租书”为例。书来自哪里？需要准备多少库存？准备吸引多少客户？这就涉及“规模经济”问题——只有提供的产品数量达到一定临界点，交易才能成立。

成功案例的背后潜藏着非常重要的两个问题：获取资源的途径是什么？获取这些资源的代价是什么？抛开创业策划书，创业者在明确了需求之后，就要明确创业成功所需的资源。资源被分为以下几类：第一类，可以花钱买来的资源；第二类，依靠团队现有的人才所能获取的资源；第三类，不能直接获取但是有获取渠道的资源；第四类，完全没有获取渠道的资源。

分析这四类资源后，创业者要做的就是着手获取这些资源。创业者可以进一步为团队招募人才，让人才带资源进来；也可以寻找投资方，问投资方能否提供所需要的资源。在寻求这些资源的过程中，创业者还要能够准确识别出所需要的资源，并且为这些资源设定合理的价位，这既能够体现创业者的能力，也会使创业项目更贴合实际。

扩充知识储备

商业有商业的规律，科技有科技的规律。例如，现在的科技创业往往并不是以技术专家为创业的主角，因为科技创业是一种商业活动。技术虽然是创业所必需的，但是用技术思维去管理企业很有可能失败。即便如此，我们仍要相信技术和知识能够为成功添砖加瓦。要想弥补专业知识与创业知识之间的差距，创业者就要铭记“开卷有益”和“行万里路，读万卷书”的道理。没有人可以断言什么知识有用，因为情境不一样，所需要的知识就不一样。创业者只有实践后，才会知道“什么知识有用”。

结语：

无用之用，方为大用。我们不要纠结“什么知识有用”，要想实现创业梦想，就要百折不挠，要自信，要执着。

一名成功的创业者除了要有丰厚的知识储备，还要有行动力、整合资源的能力以及人格魅力。

学生感悟：

认真地学习文学、历史、哲学、物理、化学、生物等方面的专业知识，对我们实现创业成功等人生梦想大有裨益。经过知识的浸润，我们的心理素质能够得以提升，当我们身处困境时，依然能保持头脑清醒，集中资源处理眼前的问题，从而顺利地脱离困境。

——张庆

文稿：张璐

拍摄：张佳音

校对：陈梦婷

小小卡片，职业生涯规划的指南针

关键词： 职业生涯、创意规划

嘉宾介绍：

盖钧超，华东理工大学学生就业指导服务中心副主任、职业发展教育教研室负责人，从事职业发展教育和生涯规划课程教学工作多年，拥有全球职业规划师、KAB创业教育讲师等证书。

盖钧超

嘉宾寄语：

自我反思是摆脱苦恼的第一步。

何其自性，能生万法。

引语：

职业生涯规划很重要，小小的卡片作为职业规划路途上的指南针，引领着大学生走出自己的路来。

追梦路上，从未平坦

伴随在探寻自我的追梦路上的既可能是一次次猝不及防的跌倒，也可能是一个个令人头疼的难题。人们的职业生涯发展并非一帆风顺，用古代先哲的话加以概括，就是“爱别离”（难以从事自己喜欢的工作）、“怨憎会”（厌恶当前的工作）、“求不得”（在工作中无法获得喜欢的东西）以及“心惘怠”（不知道自己的前途和兴趣）。

迷茫、徘徊，如何摆脱职业生涯发展中的苦恼成了困扰许多青年的问题。

三省吾身，最佳秘籍

只有通过自我反思，确认存在问题的环节，才能找到恰当的解决方法，让问题得到解决。

自我教练是绕不开的环节。从自我教练的角度来说，浅显的知识可以通过实践、培训、上课等途径获取，更深奥的知识则需要自己去探索、反思。康德说："既然我已经踏上这条道路，那么，任何东西都不应妨碍我沿着这条路走下去。"康德靠自我反思解决了自己面临的诸多问题。但是绝大多数人都不是康德，因此离不开外界的帮助。

再借东风，卡片助力

一些看似简单的卡片能成为助力的东风。"技能卡""价值观卡""改变卡""只言片语卡"与"涟漪卡"，这些小小的卡片可以帮助我们进行自我探索，探寻人生动机与意义。"技能卡"能帮助我们发现自己的潜能，找出自己的不足之处；"价值观卡"能帮助我们梳理那些自己认为重要的价值观；每张"改变卡"上都会有一段话，我们需要从中找出曾经对自己有帮助的话，判断这些话能不能在当下继续帮助自己；"只言片语卡"的设计灵感来自桌游"妙不可言"，共有几百张，可以帮助我们挖掘内在的情感；每张"涟漪卡"的背面都有一句人生格言。

卡片只是工具，生涯规划中最重要的还是对自我的探索，对自我人生动机与意义的理解。要想成为自己最想要的样子，我们就要让自己成为职业生涯规划舞台上的主角。

“涟漪卡”实物展示

结语：

一张张小小的卡片蕴含着生涯发展的奥秘。让我们在卡片的引导下，探寻大千世界里更真实的自我，开辟属于自己的不一样的新天地。

学生感悟：

盖老师通过抽丝剥茧、追根溯源的方式，与我们探讨了苦恼的根源，并得出解决问题的关键：一切万法，不离自性。每个人身上都有发光的特质，都有可以大显身手的领域。我们不能过多地依靠外界，或是一味惋惜过往，而是要立足当下，通过反思、实践和自我教练，明确自身行动的意义，挖掘自己身上的潜能，从而相信自己终有一天会发光。

——李越

文稿：王寅

拍摄：林光耀

校对：刘丽娟

把握当下,精彩人生

关键词: 分享经历、当下、未来发展

嘉宾介绍:

蒋景楠

蒋景楠,华东理工大学商学院教授、管理科学与工程系系主任、技术经济与管理硕士点负责人,中国技术经济学会理事,上海投资咨询公司专家库成员,上海"科技创新基金"项目评审专家,上海华谊集团技术经济委员会成员。

嘉宾寄语:

未来变幻莫测,与其规划人生,不如把握当下。

引语：

在竞争激烈的时代，走好脚下的每一步，不断创新，让自己绽放光芒。

脚踏实地

知识是基石，是一切的开端。大学是知识的聚集地，脚踏实地地完成学习任务，掌握学习方法并灵活运用知识是大学学习的关键。大学的学习模式与高中的学习模式相比有极大的不同，大学生需提高学习自主性，不能依赖于辅导员或班主任的管理。大学生在学习时要像海绵吸水，充分运用发散思维；在总结时则要“收敛”聚焦，将知识系统化，注意融会贯通、活学活用。

在学习之外，大学生还要提高自己的综合素质，锻炼各方面的能力，让自己的生活多一些色彩；树立集体意识，多参加班级、社团或学生会的活动，增强社会交际能力，提升表达能力。

兴趣是最好的老师，大学生在选择专业时应当遵从自己的内心。当没有其他更好的选择时，不如专心学好自己的专业。大学生最该掌握的能力便是学习能力，在学习上要主动，学会时刻打“问号”。

蒋景楠(左一)在通海茶叙活动中与学生交流

创 新 添 彩

创新是打开新世界大门的钥匙。在课余时间多看与自己专业有关的杂志和文章,有助于培养研究能力和创新思维。大学生运用创新思维开展研究,应将“能写文章”作为落脚点,如果本科期间就能写出好文章并发表在知名刊物上,那么前途不可限量。创新思维包括很多,多学科交叉思维是其中的一种。在某一个领域,没有人走过的路少之又少,而多学科的交叉研究往往是前人从未走过的路。培养多学科交叉研究的能力,最简单的方法就是学好每一门课,尤其是大一的基础课,并梳理课程之间的关系。

结语：

未来变幻莫测，走好脚下的每一步，让创新成为大学生涯里一抹亮丽的色彩，让自己在时代的浪潮里闪闪发光。

学生感悟：

今天和老师的交流让我对未来有了更加清晰的认识，明白了应该朝着什么方向努力。正如老师所说的“未来变幻莫测，与其规划人生，不如把握当下”，我们应该让自己的每一天都变得有意义。

——刘文贵

文稿：吴灿

拍摄：张颖琳

校对：刘丽娟

让社会创新做一盏指路明灯

关键词：社会创新、社会工作

嘉宾介绍：

何雪松

何雪松，华东理工大学社会与公共管理学院院长、教授，华东理工大学学术委员会委员，中国社会工作教育协会副秘书长，国家社会科学基金重大项目首席专家，主要研究领域为社会工作理论、精神健康，入选上海市“曙光计划”，荣获上海市优秀青年教师、“上海社科新人”“香港大学社会工作及社会行政学系六十周年杰出校友”等称号，获教育部霍英东基金“青年教师奖”等荣誉。

嘉宾寄语：

社会工作就是“催化剂”，帮助人们做出改变，这跟化学中的催化剂有相通之处。

引语：

时代背景下的社会创新者，思维浪潮中的扬帆者，筑梦路上的推动者，社会工作者在时代大浪潮中扮演着多种角色。

时代背景下的社会创新者

创新、跨界合作是大势所趋。未来30年不仅是对大学生、小个体很重要的30年，也是对整个国家、社会尤为重要的30年。社

何雪松

会领域合作与创新的重点便是如何解决经济社会发展不平衡的问题。

某一领域的技术创新和实践推动着一些社会问题的解决，这便是“社会创新”。在新时代背景下，我们使用人工智能解决社会问题或许能够成为现实。何雪松院长在英国求学期间，便看到了用计算机程序控制机器人进行认知行为治疗的例子。创新类型、应用领域的多样性为人工智能创造了无限可能与无限价值。以创新性思想有针对性地帮助不同的人群，不仅是为了获得经济利益或达成公益目标，还是为了提升家庭生活幸福感，将温暖的社会服务落实到每家每户。

突破固有的思维方式，多维创新就在身边。创新无边界，我们在社会服务、社会组织、公益慈善等方面都可以创新。社会创新与创立商业性公司相比，所需的成本较低，并且可以得到地方政策和社会组织孵化器的支持。时下，我们最需要关注和思考的是如何紧跟潮流、如何引领创新。

思维浪潮中的扬帆者

当今时代，“速食信息”充斥网络世界，人们接收着来自世界各个角落不同个体的价值观。每个人受诸多因素影响，对各种信息的看法、判断不同。如何在泥沙俱下的信息浪潮中，准确把握社会热点动向，持正确的社会价值观，发表适当、正确的言论，为大众提供服务，是每一个成熟的社会工作者与待成长的社会工作者的奋斗目标。针对新闻热点，通过技术创新提供一些特定服务，可以给予我们参考和启迪。

筑梦路上的推动者

我们随手转发一篇微信文章就是一种“社会运动”。通过不断地转发影响更多的人，这就是一种“社会感染”，能够产生巨大的社会效应。社会的共同关注就能引起政府的重视，很多社会问题也许就能够因此得到解决。外部的努力可能只是一时的、有限的，只有发掘共同体内部的创新元素，形成示范效应，才能真正实现目标。

结语：

在不同的历史时期，有不同的社会问题需要解决。走在时代前列的青年理应抓住机遇，承担特殊的时代使命。时代正向我们发出信号和启示：社会需要社会工作者等专业人才！

学生感悟：

作为大学生，我们的知识和视野有限，但何雪松院长分享的内容让我们有机会开拓思维，洞察值得关注的社会问题，开启更加深入的思考之旅。

——苟舒淇

文稿：田賛依

拍摄：张慧

校对：刘丽娟、罗维澂

第二篇

时代速更　首当为思

面对世界的深刻复杂变化，面对信息时代各种思潮的相互激荡，面对纷繁多变、鱼龙混杂、泥沙俱下的社会现象，面对学业、情感、职业选择等多方面的考量，一时有些疑惑、彷徨、失落，是正常的人生经历。关键是要学会思考、善于分析、正确抉择，做到稳重自持、从容自信、坚定自励。要树立正确的世界观、人生观、价值观，掌握了这把总钥匙，再来看看社会万象、人生历程，一切是非、正误、主次，一切真假、善恶、美丑，自然就洞若观火、清澈明了，自然就能作出正确判断、作出正确选择。正所谓“千淘万漉虽辛苦，吹尽狂沙始到金”。

——习近平：《青年要自觉践行社会主义核心价值观——在北京大学师生座谈会上的讲话》

舌尖上的食品安全，我们在守护

关键词：食品安全

嘉宾介绍：

丁小格，华东理工大学后勤保障处饮食服务中心食品安全监管员，从事学校食品安全监管 10 余年，熟悉学校食品安全监管要求，执行“六 T”实务现场管理、餐饮服务单位 ABC 规范化管理，参照标准定期深入两校区食堂现场督查食品安全操作规范、排查隐患，以确保在校师生的饮食安全和营养健康。

丁小格

嘉宾寄语：

食堂所有工作人员致力让老师和同学们获得更好的就餐体验。

引语：

“六 T”管理、“四大关”，舌尖上的食品安全，是他们在为我们细心守护！

天还是微微亮，食堂便亮起了暖暖的灯，各式各样的早餐泛着氤氲的水汽；11 点 35 分的下课铃响起来了，学生们冲向食堂，热乎乎的饭菜早已摆放整齐；到了晚上，一天的疲倦总能在一碗热乎乎的汤面里烟消云散……阿姨的那句“同学，吃点什么呀”让人倍感亲切。而这一切的背后，是一群可爱的人在为学校的食品安全而不懈努力着。

管理制度“不放松”

丁小格在食堂工作

学校食堂就餐人员密集、时间集中，是食品安全风险最高、发生食物中毒事件最为集中的地方，这对食品安全保障提出了很高的要求。华东理工大学食堂的安全管理制度主要体现在人员管理、操作过程管理、台账记录管理以及健全的食品安全监管体系等方面。食堂工作人员每年都要进行严格的体检，上岗前必须持有食品安全知识培训合格证与健康证，岗前培训合格后才可上岗入职。另外，食堂还设立培训、激励和惩罚制度。学校通过不断建立健全各项制度，最大限度地保障师生的健康权益。

食品安全“四大关”

除了严格的制度管理，把控食品来源、食品材料等也是做好校园食品安全工作极其重要的一环。

学校食品安全把控有“四大关”：严把采购源头关、严把规范操作关、严把食品添加剂管理关、严把准入关。采购验收需要登记供应商、索证索票等，还需要登记预包装食品的生产日期和保质期等信息，食堂工作人员还要把所有食材的信息上传至溯源系统。

学校食堂实施“六 T”管理：天天处理、天天整合、天天清扫、天天检查、天天规范、天天改进。天天处理指工作时将工作必需品和非必需品分开；天天整合指将工具、物料等整合分区；天天清扫指维持工作场所无垃圾、无污垢、无褪色、无剥落、无油渍、无生锈的状态；天天检查指创造一个具有良好习惯的工作环境，持续地、自律地执行规范标准；天天规范指采用一目了然的现场管理方法，使各项现场管理要求实现规范化、持续化，让员工明确自己的责任；天天改进指管理坚持正常化、日常化、习惯化、自然化、真实化，以提高品质与效率。

卫生清洁是“认真的”

学校通过制定一系列规章制度，将卫生操作步骤规范化、日常化，以保障师生们能在食堂吃到安全、可口的饭菜。学校要求食堂工作人员操作“落手清”，保持前厅、后厨干净整洁。员工个人用品，如水杯等需要进行分区标签化的统一管理，并且严令禁止个人用品出现在工作现场。

学校食堂的就餐环境日趋优美、整洁，所有工作人员都致力于让师生们获得更好的就餐体验。

结语：

从“六 T”管理制度到严把“四大关”，从日常检查到突击检查，学校一直在为食品安全尽最大的努力，并用实践向大家证明：守护舌尖上的食品安全，华理是认真的！

学生感悟：

哪有什么岁月静好，只是有人在替你负重前行。学校餐饮工作人员日夜坚守，24 小时确保我们在校师生的饮食安全、营养健康。舌尖上的食品安全，有他们在为我们守护。

——罗依婷

文稿：张皓

拍摄：张慧

校对：陈梦婷

紧跟时代变化，提升自己，奉献他人

关键词： 探索新事物、知识的结构、公益

嘉宾介绍：

贺思聪(右一)

贺思聪，上海市黄浦区摄影协会副会长，原上海画报出版社编辑，原上海市慈善基金会《至爱》杂志副主编，其摄影风格贴近生活，注重生活情趣，擅长抓拍人物的神态和动态，其作品曾多次发表在《中国摄影》《大众摄影》《解放日报》《文汇报》《新民晚报》等杂志与报纸。

嘉宾寄语：

我们要重视学习，但不能死读书。我们要善于发现现实生活中的潮流，让自己紧跟时代步伐，不断地更新知识体系。

做公益是一件于自己、于社会都有益的事。我希望同学们积极了解公益，为社会的发展贡献自己的力量。

引语：

我们要敢于探索新事物，时刻保持学习的姿态，让自己在时代发展的浪潮中不断扬帆前行，身先士卒，乐于奉献，成为一个对社会有用的人。君子“穷则独善其身，达则兼济天下”，就让我们跟随贺思聪一同来了解这其中之道。

意外的出名

贺思聪是一个乐于接受和探索新事物的人。谈及当年的上网经历，他说，那时的他每月要支出高达四分之三的工资用于上网。他于 1997 年 5 月份创建了一个个人网站，几个月后上传了自己随手拍的几张照片，却“意外地”被记者朋友以“贺思聪举办网上影展”的标题报道了出来。而当时贺思聪与他的其他朋友全然不知道发生了什么事，就这么稀里糊涂地出名了，还因此受到友人们的调侃，笑说他举办展览也不告诉大家。贺思聪先生说，如今回想起来这件事确实颇有意思。当一件新事物出现在所有人面前时，有勇气首先去了解的人，也许会更有可能做出令人耳目一新的事情。

探索与发现

贺思聪的意外出名其实并非“意外”，平时他对学习就有许多感悟，能够迅速了解一件新事物也是合情合理。贺思聪指出，知识是层层递进的，对比过去与现在，知识结构在发生改变，但我们的学习方式仍然是传统的。我们要重视学习，但不能死读书，要注意现实的变化，让自己紧跟时代发展，不断地更新知识体系。我们如果有兴趣，就可以去学习、掌握一些专业知识，从而使自己不会太落后于时代发展。

公益之收获

贺思聪不仅是一名优秀的摄影家、文字工作者，还是一名热心的公益人士。他认为，公益要从小事做起，勿以善小而不为；同时不能只追求表面效果，要提倡诚实，注重实效。在一些不甚起眼之处，贺思聪表现出非常敬业的精神。例如，2010 年上海世博会期间，贺思聪连续两天跟随采访来自四川和青海地震灾区的师生们，虽然很劳累，但为了让灾区师生们能于第二天早上满意地离开上海，他连夜选出大量照片，分别刻录好光盘，于半夜 11 点多从徐家汇附近赶到邻近五角场的宾馆，把光盘交到了灾区师生们手上，令灾区师生们非常惊喜和感动。

谈及做公益的感受，贺思聪表示，多参与公益活动可以净化自己的心灵。我们可以通过做公益调整自己，使自己明白世界没有那么黑暗。做公益不一定需要很多金钱，做好自己的本职工作既可以帮助他人，也可以提升自己，更可以影响他人关注身边的生活。

贺思聪

结语：

贺思聪结合自身经历，并对这些经历层层剖析，揭示其暗藏的道理。例如，他敢于尝试新知的背后是他对不同知识结构和不同学习模式的了解，他对知识结构和学习模式的解读也让人受益匪浅。贺思聪还鼓励大家多做公益，让公益影响更多人的生活和心灵。

学生感悟：

身处社会中，无论我们是否愿意，都免不了要做出一些选择。公益就是一种良好选择，它对他人有益，对自己有益，能体现社会责任感。这是一份伟大的事业，需要社会的每一位成员贡献出自己的力量。星星之火可以温暖人心，照亮世界。

——杨定

文稿：杨茜

拍摄：吴永一

校对：刘丽娟

做自己情绪的主人

关键词：情绪管理、大学生活

嘉宾介绍：

吴青芳

吴青芳，博士，华东理工大学副教授，国家二级心理咨询师、全球职业规划师，研究心理健康、职业生涯教育与咨询20余年，曾多次荣获全国高校心理情景剧大赛优秀指导教师、上海市优秀职业指导师、上海高校心理健康教育与咨询工作10年奉献奖等奖项，咨询个案超过2 000例。

嘉宾寄语：

我们的看、听、闻、感知、交流都发生在当下。与其思索过去、担忧未来，不如把握当下。不再抱怨，学会接纳，活在当下，便是正念的态度。

引语：

情绪是人内心世界的外在反映。人的底层操作系统是情绪，一个人由情绪构成，靠情绪驱动。在实际生活中，大多数人在大多数时候都不是用理智在交流，而是用情绪在对抗，情绪一旦失控，就会伤人伤己。管理好情绪，就是管理好自己的现在与未来。让我们一起跟随吴青芳老师学习正念的方法，做自己情绪的主人。

觉察情绪

现代社会纷繁复杂且节奏快，很多人需要同时处理多种工作，常常一心多用。这让大家越来越焦躁，心态越来越不好，越来越容易受到情绪的困扰，因此，提升科学管理自己情绪的能力显得格外重要。大学生正处于身心发展的关键时期，在成长过程中，他们会遇到很多从未承受过的压力。有的大学生不能掌握正确的解压方法，焦虑、烦躁的情绪随之产生，搅扰了自己的生活，有时甚至会误入歧途。大学生只有合理管理与控制自己的情绪，才能更好地适应生活，收获更好的人生体验。

有时我们常常被一些小事烦扰，无法有效地管理自己的情绪，无法回归正常的生活。著名的心理实验——粉红色的大象可以解释这一点。实验是这样的：参与者被要求不要想象房间里面有一头粉红色的大象，但是每个参与者的头脑里会难以抑制地出现粉红色的大象。这个实验证明了人们永远无法强迫自己“不要想起”些什么。

当我们遇到粉红色的大象，头脑越想控制、越想摆脱粉红色的大象时，粉红色的大象就越会一直在我们的脑海里。我们越抗争，就越难以抑制。此时，我们就应该换一种思路去解决这个问题：不要与其抗争，而是与它同在，觉察它在自己头脑中时自己的状态以及身心的反应，把觉察到的信息描述出来并告知自己。这样，粉红色的大象就会慢慢消失，自己的情绪就能平静下来。

倾听我心

杨绛先生曾在《走到人生边上》中这样写道：“世界是自己的，与他人无关。”有时候人们太过于关注外界事物，而忽略了与自己对话。

佛教中禅修的重点就是开启人与自我的对话。美国麻省理工学院分子生物学博士卡巴金（Kabat-Zinn）把禅修思想科学化、体系化，形成了正念减压疗法。正念（mindfulness）是目前心理学界公认的有效应对杂念、负面情绪、压力，提升幸福感的方法。正念是以不判断或完全接纳的方式，将注意力集中于当下的体验。正念是一种灵活的意识状态，以开放和接纳的态度去关注并觉知个人的内在和外在世界。正念包括五个维度：专注、觉察、描述、不判断、接纳。正念的核心是活在当下。

吴青芳

自 我 修 炼

当前，研究正念的学者为我们提供了一系列方法，帮助我们培育潜在的“静心慈力”，以应对生命历程中的种种挑战，在不确定的生活环境中“安住自在”。

在日常生活中，我们可以通过“STOP”法进行自我修炼：“S”(stop)表示停下来；“T”(take a breath)表示深呼吸；“O”(observe)表示观察、感受；“P”(proceed)表示继续。

在忙碌且压力大的现代社会中，按下“暂停”键，围绕正念的五个维度，运用“STOP”法，给自己一点时间，关注自己内心的感受和需求。短短 10 分钟，哪怕一分钟，就能有效缓解负面情绪，与负面情绪化敌为友，重获正能量。

我们静心练习正念，虽然无法消除生活中所有的负面情绪，但是可以削弱负面情绪的反应链，有效解决心境、情绪问题，锻炼觉察力，从而提升情绪管理能力、创造力和幸福力。

结语：

现在的我们太习惯于“听别人的话”，听从自己的内心反倒成了难事。时间会改变我们，却不会改变我们原来做的选择。只有倾听内心的真实声音，才能活出理想中的自我；只有专注于当下，充分感知这个世界，保持开放、接纳的心态，才能感受到当下的力量是无穷的。

正念的关键不是知道，而是让自己做到并坚持下去，养成正念习惯，增强对当下的觉察力，从而更好地管理自己的情绪。坚持练习正念，我们将能更好地做自己情绪的主人，身心也将更平衡，生活也将更加从容。

学生感悟：

吴老师提出"正念"的关键就是要专注此时、沉浸此刻，即用心倾听周围的声音，用心观察周围的事物，用心与朋友交谈，用心做当下的事情。只要我们用心去觉察、体悟此时此刻并坚持一段时间，就能感受到安全感，感受到内心的平和与宁静。

——张庆

文稿：张皓

拍摄：张慧

校对：刘丽娟

教育赋权——社会工作的经世致用

关键词：社会工作、教育赋权、践行理论

嘉宾介绍：

王瑞鸿，博士，华东理工大学社会工作系副教授，主要研究方向为临终关怀及以赋权为本的社会工作，创办了上海静安区春晖社工师事务所。

王瑞鸿

嘉宾寄语：

理论是灰色的，生活是常青的。当代大学生应时刻明确自己的目标，关心社会发展与进步，努力为社会贡献自己的一份力量。

引语：

社会工作不应只是象牙塔中的学术研究，更应该在生活中被

践行，以更好地为社会服务。

当前越来越多的年轻人长时间沉浸于自己的小圈子，无法在更高层次上为社会创造出应有的价值。在这样的社会现状下，“赋权”一词被寄予厚望。“教育赋权”类似西方的“启蒙运动”。英语中的enlighten可被译为“启蒙”，其中的light为“点亮、照亮”之意，因此“启蒙”可被解释为把人照亮。“教育”能够使人们的人生观、价值观、世界观发生很大的改变，能够帮助人们更好地服务、奉献社会，更好地创造自身价值。教育本身是师生双向对话的过程，教师在施教的同时，可以通过学生的反馈和质疑来不断修正自身，由此形成良性循环。

社会工作的主要目标

从事社会工作是了解、服务、改变社会的主要途径，社会工作的主要目标是解决社会问题。当代青年应当跳出个人层面，站在更高层面关心社会的发展，为解决社会问题贡献自己的力量。中国目前的发展情况总体较为平稳，但

王瑞鸿在进行与社会工作相关的发言

转型过程中的社会问题也日益突显。想要改变这一现状，就需要大量的社会工作者勇敢地走到前列，主动去解决这些问题。

社会工作通过赋权服务弱势群体

社会工作的服务对象应当是社会中的弱势群体。赋权理论反对以一种高高在上的姿态去施舍或去帮助弱势群体，主张要尊重弱势群体，为他们增能。若社会工作只满足弱势群体的现实物质需要，或剥夺他们应有的权利，就会变成对他们的压制，无法达到赋权的目的。弱势群体获得相应的权利才是检验社会工作服务有成效的真正标准。

以赋权为本的社会工作的本土重构

对于社会工作的未来，王瑞鸿持一种乐观的态度。他指出，让社会工作成为主流学科，在赋权的基础上重构社会工作学科，通过教育赋权，把相关内容传达给学生和社会工作者，借助一代又一代持续不断的实践，让无力的人更加有力，让无声的人更多地发声。同时，他认为这种模式也不应当是短期的、暂时的，而应是长期的、持久的，如此才能够真正让社会变得更加美好。

结语：

社会工作者应发挥个人专业能力，为弱势群体赋权，让每个人都享有尊严，让每个人的生命都像鲜花一样盛开，最终实现社会的公平、正义。

学生感悟：

就像王瑞鸿老师说的，社会工作专业的学生不仅要学好专业知识，还要将其运用于生活中，并且能够用专业知识来解决现实生活中的很多问题，这才是学习的最高境界。

——陈禹舟

文稿：初怡

拍摄：张兰心

校对：刘丽娟、罗维溦

第三篇

创新助力　科技强国

当今世界，科技创新已经成为提高综合国力的关键支撑，成为社会生产方式和生活方式变革进步的强大引领，谁牵住了科技创新这个牛鼻子，谁走好了科技创新这步先手棋，谁就能占领先机、赢得优势。

——习近平总书记 2014 年 5 月 24 日在上海考察时的讲话

科学与艺术的方程式

关键词：科学艺术、思维激荡

嘉宾介绍：

钱平吉

钱平吉，1965年毕业于清华大学高分子专业，从事科研工作23年，现任华东理工大学学术委员会委员、上海工业设计促进会副理事长、中国工业设计协会资深会员，曾任华东理工大学工业设计系学科主任及系主任。

嘉宾寄语：

科学与艺术在山脚下分手，在山顶上会合。

引语:

科学与艺术有不一样的火花,我们要用创新思维激荡出时代的浪花。

英国诗人威廉·布莱克(William Blake)以这样美妙的语言描述科学里的艺术美:“一沙一世界,一花一天堂。无限掌中置,刹那成永恒。”

科学与艺术,严谨撞上浪漫

在大数据时代,什么是最重要的财富?如今,我们不缺乏知识与信息,相反,能够整合知识的创新能力才最稀缺。或许你很难想象严谨的科学与浪漫的艺术会有怎样的联系,但实际上,科学与艺术的化学反应完全超出了你的预想。诗人用诗性的语言阐述对宇

钱平吉的作品

宙结构的了解，传达出一种大美。同样地，诗句里缺少的庄严感、神圣感，以及初窥宇宙奥秘的畏惧感往往能在科学中得以体现。那是一种客观存在的崇高美、灵魂美和终极美。

创新与思考，交叉性思维延伸

钱平吉毕业于清华大学高分子专业，自学绘画，从科学和艺术的角度探索特种绘画新路径数十载。1987 年，他在帮助上海交通大学创设设计专业时，开始研究思维方法，认为左右脑结合，培养科学与艺术的交叉思维才可以解决更多问题。

培养科学与艺术的交叉思维的方法有以下五种。一是功能思考法，即通过某一事物的特性，联想到其功能应用及使用场合。例如，尼龙搭扣的设计灵感来自苍耳子，美工刀分段式刀片的设计灵感来源于碎玻璃，等等。二是逆向思考法。以雕塑为例，雕塑师通常在有形物体上刻出图像，难道就不能在无形物体上进行雕塑吗？光雕塑、水雕塑便是创新思维的拓展，打破常规的逆向设问往往能给予人灵感。三是系统思考法，即考虑整体。例如，北宋改造旧皇城，开凿护城河，然后在其旁边建砖瓦厂，一个地方的废物便是另一个地方的原料。四是"蜘蛛网"思考法，即绘制发散思维、开阔思路的网状图。五是将科学与艺术相结合的思维方法。例如，钱平吉研究的高分子书画材料和现代绘画材料得到众多画家的赞赏；研究的艺术与技术结合的装饰材料，国际同行为之惊叹；在透明材料上通过特种绘画创作出的艺术作品，令很多画家赞叹其特殊魅力。

艺术形式的改变是思维方式的改变，创新不仅是发明、创造，还是思维创新。科学要发展，艺术也要发展。艺术若是完全朝着背离造化的方向发展，就会与美渐行渐远；而科学追求的是认识世界、理解造化，并从认识中窥见大美。

结语：

科学撞上艺术，让交叉性思维焕发出不一样的光彩。

学生感悟：

我认为在想象和创造上，科学与艺术有相通之处。科学是探索真理的艺术，艺术是陶冶灵魂的科学。艺术时常给予我启发，让我能探索人生的意义与趣味。我认为一个人可以同时拥有科学求知的思维和艺术创造的心灵。

——马玮钰

文稿：韩红伯

拍摄：高珠艺

校对：陈梦婷

“光”与“影”

关键词：摄影构图、愉悦人生、艺术欣赏

赵雪华

嘉宾介绍：

赵雪华，原华东理工大学机械与动力工程学院教授、硕士生导师，主讲“现代泵技术”“化工用泵设计”等课程。

嘉宾寄语：

多年来，摄影对我而言不仅是一种体力上的锻炼，还是一种心灵上的享受。在拍摄的时候，我完全忘记了自己是个病人，也忘记了忧愁。

引语：

尼采曾经说：“如果你意识到自己的干枯，就多多去学习知识，

多多去接触艺术吧,这样才能重回一个愉悦、有生机的人生状态。”赵雪华老师正是在摄影艺术中充实了自己的生命,收获了愉悦的人生感悟。

光影之间

“相机是时间的停格器,摄影可以抓住流逝的时间里每个值得回忆的瞬间,好的照片则是若干年后你看到时仍然会不自觉地微笑的那一张。”

摄影作为一门艺术,有其理论和技术支撑,如拍照三要素——曝光、构图、对焦。以赵雪华拍摄的一幅金门大桥的照片为例,他在拍摄时运用了“对角线”构图技巧,使整张照片看起来生动、自然:云雾缭绕,水天一体,仿若仙境。而如此令人震撼的作品,他在后期只简单处理了光线,并没有其他修饰。可见赵雪华在拍摄之前做了大量准备工作。

赵雪华的另一幅作品拍摄的是一棵大树、茶田和两三人,整个画面十分和谐,令人赏心悦目、心生向往。在后期处理这张照片时,他并未将主体放在正中位置,而是稍微斜了一点,这也是构图技巧之一。

赵雪华参加通海茶叙活动

体 悟 人 生

赵雪华谈到，他在拍照的时候，有时完全忘记了自己是个病人，也忘记了生活中的忧愁。奔驰的骏马，瀑布下的彩虹美不胜收，林荫下的小路静谧清幽，散发着雾气的流水……这些画面都是可遇不可求的，需要时机，也需要根据拍摄地的实际情况设置光圈参数等。爱好摄影的人从未停止过捕捉生活中的美丽瞬间，并在这一过程中体会愉悦的人生。

结语：

人生的遭遇多是片段的欢乐换来终身的不安，摄影却是片刻的不安带来终身的欢乐。光影交错之间，人们捕捉的不只是被忽视的美丽，更是丰富多彩的人生况味。

学生感悟：

赵老师的讲解让我了解了构图、曝光和对焦等摄影技巧，或许我也可以借助摄影的技巧，让普通的场景变得特别。同时，我也明白了摄影不只是按快门，更是人生的调味剂，能够给我们带来更多的人生乐趣，让我们体会到愉悦的人生。

——王世博

文稿：马文帅

拍摄：杜祝康

校对：刘丽娟

漫步乡间小路，碰撞创意思想

关键词：建设乡村、创意理念

嘉宾介绍：

林轶南，任教于华东理工大学艺术设计与传媒学院，创立了“有木寸工作室”。2017—2018 年，他带领艺术设计与传媒学院风景园林专业的学生，在上海市、福建省等地开展了一系列乡村营造活动。

林轶南

嘉宾寄语：

管它洪水滔天，我自粘贝壳不止。

引语：

往日，乡间小路，是炊烟袅袅，瓦片屋顶，青灰石墙，葱绿爬藤，是那些令人心静的烟火气；今日，乡村建设，是绿水青山，康庄大道，点点星星，是那些乡间芬芳漫两径。

从超级工程到科技成果，从绿色中国到共享小康，几十年来，几代人努力着、奔跑着。在这段光辉岁月中，既有气势磅礴、令人振奋的“大国”之光，也有那些涓涓流淌、直抵人心的“小家”故事的闪烁之光。林轶南便在乡村建设这条路上不断前行。

小小村庄，潜力无限

泉州是林轶南的第一个项目的选址地。诗人王心鉴曾赞叹道：“泉水出叠嶂，飞虹沐晞阳。书院桐花里，梵宇莲湖旁。翠篔倚老厝，朱霞染云樯。好风鲤城起，浮舟泛重洋。”优美的山水，浓厚的文化底蕴，鲜明的旅游特色，让泉州在过去、现在以及未来散发着不一样的光彩。林轶南负责的项目在一个沿海的小村庄，当地人生活富足、安乐平淡，村里甚至有一家配有电梯的养老院，让人能感受到这个沿海小村庄中不一样的幸福感。

对林轶南团队来说，这个村庄里的一切都是陌生的，要在十几天的时间里完成对这个村庄的规划设计、动工，压力并不小。虽然时间紧急，但林轶南依然秉持着有条理的思维方式和细腻的做事理念，要求团队成员先对环境进行细致的观察，收集村落中看似不起眼的废物进行再利用。一件件不起眼的小物件，或是海边上散落的贝壳，或是被丢在草堆里的竹篮，都成了改造的对象。村民们在看到改造后的村庄时，无不感叹它的美。

城市边缘，创意改造

随着城市郊区化和乡村城市化的不断推进，城乡之间的界限变得越来越模糊。城市边缘区是摩登城市和安逸乡村的过渡带，既是快节奏的城市向外蔓延发展的重要地区，又是安逸乡村城市化的先导地区。

在上海市闵行区的某个村庄里，林轶南与团队成员通过对布局不合理或稍有欠缺的公共空间进行改造，为村民提供了娱乐空间。“管它洪水滔天，我自粘贝壳不止。”这不仅来自林轶南对物件的了解，而且是他作为一名手艺人浑然天成的底气。林轶南在艺术领域从不停止涂抹色彩、绘画轮廓，他将艺术一点儿一点儿地融入城市、乡村。

结语：

对艺术的热爱，是艺术上的追求，是生活中的实践，能够让艺术在生活中开出花来。

学生感悟：

对学习设计的我来说，不仅要聚焦现代化、城市化建设，还要关注乡村建设。林老师分享的趣事让我明白：一个项目团队的一次成功的合作，不仅能够完成项目，而且还能收获很多乐趣。

——张静

文稿：初怡

拍摄：张慧

校对：刘丽娟

大数据时代下的人工智能

关键词：机器理论、人工智能

嘉宾介绍：

王喆

王喆，教授、博士生导师，2008年9月至今在华东理工大学信息科学与工程学院计算机系任教，现任信息化办公室主任，主持国家自然科学基金项目、上海市教委科研创新重点项目、教育部博士点基金项目等，入选2017年度上海市“曙光计划”。

嘉宾寄语：

美好的生活不仅需要政策引导，还需要技术支持。

引语：

人工智能时代，信息流快速更新，电子技术火速更替，大众需求日益多元化。如何踩准时代节奏，敲出属于自己的节奏，是当代青年需要解决的问题。

2008 年 9 月至今，王喆在华东理工大学信息科学与工程学院计算机系任教，他与人工智能、信息、机器早有了千丝万缕的联系。

美好生活，技术助力

2017 年 10 月 18 日，DeepMind 团队公布了最强版阿尔法围棋(AlphaGo)，代号阿尔法元(AlphaGo Zero)。它仅通过 3 天的学习，就以 100∶0 的胜率“战胜”了初代阿尔法围棋(第一个“战胜”围棋世界冠军的人工智能程序)。

不难看出，人工智能正高速发展，但目前人工智能的发展还不能完全满足社会发展的需要。人工智能在助力解决党的十九大报告中指出的我国社会主要矛盾，即人民日益增长的美好生活需要和不平衡不充分的发展之间的矛盾方面，还有很大的发展空间。

机器理论，概念储备

机器学习是近20年来兴起的一门多领域的交叉学科，涉及概率论、统计学、逼近论等多门学科。机器学习主要是设计和分析让计算机可以自动“学习”的算法，即从数据中自动分析获得规律并利用规律对未知数据进行预测的算法。

机器学习的应用远比人们想象中的广泛，包括数据挖掘、计算机视觉、自然语言处理、生物特征识别、搜索引擎、医学诊断、信用卡欺诈检测、证券市场分析、DNA序列检测、语音和手写识别、战略游戏和机器人应用等。

学习高数、各类编程语言等学科，能提升个人设计的能力，丰富个人设计的想法。除了计算机相关专业的学生，掌握计算机知识对其他专业的学生也相当重要。华东理工大学信息科学与工程学院目前与其他学院开展了大量的学术合作，如与药学院合作的毒物检测项目，利用了计算机的相关知识进行毒物分析。此外，金融专业的数据分析、社会科学领域的社会调查也会运用计算机的相关知识。

研究方法，巩固基石

工欲善其事，必先利其器，正确的机器学习方法能让机器学习事半功倍。机器学习的研究方法包括监督学习和无监督学习：监督学习有统计分类、回归分析、训练或学习、预测四种方式；无监督学习有关联规则、训练或学习、预测三种方式。

机器学习与大数据有关，如近几年来热度火速攀升的网络购物。每当我们打开购物应用软件时，页面上好像总会出现想要“种草”或“拔草”的商品。各大电商平台就是通过对用户检索、浏览的商品类型来对商品销售进行预测并为用户推荐相关商品。大数据就是通过提取特征并进行统筹分析，来为相关个人或单位提供参考和指导。人工智能就是基于对大数据的学习实现的。

中国的人工智能研究虽然起步晚，但是发展快，在诸多领域已经达到世界先进水平。在以创新为热点的大背景下，中国人工智能的发展将前途无量。

结语：

美好的生活不仅需要政策的引导，还需要技术支持。在这个科技研发领域屡屡创新的大背景下，青年大学生一定能快速登上创新的主舞台，成为推动智能开发的主力军。

学生感悟：

作为机械与动力工程学院的学生，我对人工智能非常感兴趣，王老师的分享给了我启示。他的讲解让我对人工智能有了进一步的认识，从机器人到阿尔法围棋，再到机器人如何学习，以往看似抽象难懂的知识瞬间变得易于理解了。

——沈家豪

文稿：崔金铭

拍摄：冯凯

校对：刘丽娟

第四篇

实践报国　青年担当

时代呼唤担当，民族振兴是青年的责任。鲁迅先生说，青年“所多的是生力，遇见深林，可以辟成平地的，遇见旷野，可以栽种树木的，遇见沙漠，可以开掘井泉的”。在实现中华民族伟大复兴的新征程上，应对重大挑战、抵御重大风险、克服重大阻力、解决重大矛盾，迫切需要迎难而上、挺身而出的担当精神。只要青年都勇挑重担、勇克难关、勇斗风险，中国特色社会主义就能充满活力、充满后劲、充满希望。青年要保持初生牛犊不怕虎、越是艰险越向前的刚健勇毅，勇立时代潮头，争做时代先锋。一切视探索尝试为畏途、一切把负重前行当吃亏、一切“躲进小楼成一统”逃避责任的思想和行为，都是要不得的，都是成不了事的，也是难以真正获得人生快乐的。

——习近平：《在纪念五四运动100周年大会上的讲话》

实践战略进行时

关键词：社会实践、红色故事

嘉宾介绍：

2017年暑假，华东理工大学商学院大学生暑期社会实践团（以下简称“团队”）赴贵州省遵义市开展社会实践活动，其实践成果“黄大发——一生只修一条渠”荣获“知行杯”上海市大学生社会实践项目大赛特等奖。团队本着“用心做好每件事”的初衷，在社会实践中积极传播时代正能量。

团队成员

嘉宾寄语：

大发渠像一座历史丰碑，记录着那一段峥嵘岁月，也启迪着我们要用心做好每一件事。

引语：

黔北深山，藏有生命之渠，滋润着干涸的村庄；华理学子，将真情注入笔尖，记录当代“愚公”，传扬美丽故事。

一生只修一条渠

1959 年，23 岁的黄大发被推选为草王坝大队大队长后，他决心为村民做好引水、修路、通电这三件事。于是，他义无反顾地开始了这段艰苦的修渠历程。在不会任何修渠技术的情况下，黄大发第一次修渠失败，他没有继续蛮干，而是暗下决心学习修渠技术。1989 年，黄大发积累了大量修渠知识，打算重启修渠计划。“悬崖峭壁创奇迹，牵来银河挂绝壁。”修渠工程启动后，每天有 200 多人跟着黄大发扎进深山修渠。在大家的齐心努力下，大渠终于竣工。

乡亲们亲切地把这条渠称为“大发渠”，也正是这条绕三重大山、过三道绝壁、穿三道险崖的救命天渠，为村子带来了汩汩清水和摆脱贫困的希望。

团队成员在大发渠旁

用心做好每件事

在发现了这样一个故事后，团队进一步思考了暑期实践活动如何开展、暑期实践活动的意义是什么等问题。在暑期实践活动开始前，程瑶、徐端、林雨澄三位成员互不相识，因此团队的分工和配合显得尤为重要。徐端认为，作为一支由大学生组建的队伍，很难通过一己之力改变贵州的现状，因此，团队的主要目的是将这个故事通过镜头与笔尖进行传递，让更多的人知道黄大发老先生立下“愚公移山志，劈山引水为人民”的伟大誓言，并使曾经缺水、干旱的贫困村焕然一新的伟大故事。

虽然这条路不平坦，但团队成员们始终在路上。饮食条件差、交通不便、信号不好、联系受阻……这些挫折不但没有阻挠他们前进的步伐，反而让他们的感情更加牢固。令人欣喜的是，团队成员最终克服重重困难到达了黄大发老先生所在的村庄。在社会主义新农村的建设下，村庄的环境已经得到改善。为了解当地的真实状况，团队成员沿着小石子路一直探寻到村子最深处，还从多个方面深入了解了黄大发老先生的生活经历。

结语：

清澈的水经大发渠汩汩流进村民的家中，淌进村民的心田。团队成员用镜头记录下的片段让这个跨越几十年的故事如种子般洒满祖国大地，在人们的心中开出一朵朵花来。

学生感悟：

我之前并没有参与社会实践，但通过听学长、学姐们的分享，我对社会实践活动有了更多的认识。

——余君珺

文稿：胡梦笑

拍摄：诸格思卿

校对：刘丽娟

以温暖的关怀唤醒有希望的未来

关键词： 公益创业、精神扶贫、乡村振兴

嘉宾介绍：

张洺硕，华东理工大学社会与公共管理学院2017级硕士研究生、“醒狮行动”公益项目创始人，2018年度上海市优秀共青团员，荣获第五届“互联网+”中国大学生创新创业大赛上海赛区金奖、2018年“知行杯”上海市大学生社会实践项目大赛特等奖。

张洺硕

嘉宾寄语：

以有温度的关怀筑梦青少年有希望的未来。

引语：

青年大学生要深入了解国情，真正将所学知识落实在祖国大地上，砥砺修身践行，坚守意志品质，在实践过程中丰富阅历、增长才干。张洺硕的“醒狮行动”公益项目聚焦“社会发展”“乡村振兴”议题，并始终坚持精准扶贫不仅要物质扶贫，还要精神扶贫，以实现“启志增能”。

精神贫困

2017年寒假期间，张洺硕第一次来到云南省寻甸回族彝族自治县(以下简称“寻甸县”)，走访了5个乡镇，对10所中小学的53名校长、教师、学生及其家长进行了深入访谈。张洺硕发现，在国家大力推进物质扶贫，提高贫困群体物质生活水平的背景下，很多家庭在认知水平、价值追求、行为方式等方面的发展仍受到限制，存在精神贫困问题。精神贫困问题不能通过物质扶贫得到彻底解决，并且会在代际间传递。

发挥专业特长，提出解决方案

没有精神关怀的公益是缺少灵魂的。张洺硕发起“醒狮行动”

公益项目，希望为这片热忱而朴实的土地带来一些改变。张洺硕带领项目团队，针对寻甸县五至九年级的学生发放 2 215 份问卷，调研他们的精神资本情况，创新性地分析出内生动力、自信心、乐观、抗逆力、公共精神五个维度的精神资本。同时，他们通过反复推敲，基于不同维度精神资本的特有问题，利用专业知识制订了一套赋能脱贫干预方案。基于干预方案，张洺硕及其团队成员结合五至九年级学生的年龄和兴趣特点，以小组活动的形式，将精神扶贫理念寓于灵活、生动的趣味课程中，在潜移默化中引导他们“观世界，爱家乡”，逐步增强他们的自我认同感、集体认同感和乡土认同感，激发他们个人发展的内生动力，从而实现自我赋能。

“醒狮行动”团队成员合影

彩云之南，筑梦寻甸

张洺硕已带领“醒狮行动”公益项目团队在云南省寻甸县、浙江省衢州市、江西省上饶市等地，开展了总计 1 200 课时，覆盖 6 000 人次的赋能培育课程，并取得了良好的干预效果，收获了 1 200 多份文化作品、214 封感谢信，并在上海市举办了精神扶贫主题画展，展出参与者在课程中创作的文化作品，吸引了 1 000 余人次观展。2019 年元旦，张洺硕动员华东理工大学 29 个团支部、16 个研究生党支部的千余名学生与寻甸县的 3 所小学结对。2019 年 7 月 13 日，张洺硕又一次坐上了去往寻甸县的列车……

在张洺硕的影响下，一大批社会力量也参与到了精神扶贫事业中来。“索尼梦想教室”“丝路新世界 · 青春中国梦”等多个社会实践专项活动，得到了寻甸县人民政府、阿科玛（中国）投资有限公司、中国高校众创空间联盟、上海市大学生科技创业基金会等的资源支持，《中国青年报》等 10 余家媒体也对张洺硕的赋能脱贫实践进行了报道。

结语：

“不忘初心，牢记使命，永远奋斗！”在新时代大力推进乡村振兴的康庄大道上，张洺硕以扶志助力扶贫，助力欠发达地区学生的全面发展。

学生感悟：

通过这次分享会，我明白了精神贫困问题比物质贫困问题更难解决。当代大学生应该充分发挥自己的价值，以心理辅导的方式，助力一些欠发达地区的孩子形成正确的价值观，依靠自己的专业素养，教他们知识，让他们感受到知识的力量。

——王俊杰

文稿：程雪华

拍摄：丁如枫

校对：赵一然

奋斗路上的榜样力量

关键词：坚持、专注、分享

嘉宾介绍：

向伟林，华东理工大学商学院2015级市场营销专业本科生，华东理工大学2018年度“领袖气质”榜样力量代言人。他是国家奖学金、华东理工大学大学生年度人物的获得者，也是国家学生资助政策10年的受益者。

向伟林

嘉宾寄语：

坚持，专注，总结，分享。

关于学习，只要我们一开始咬咬牙坚持下来，不抛弃、不放弃，不管遇到什么困难就能迎刃而解。

引语：

习近平总书记强调："祖国的青年一代有理想、有追求、有担当，实现中华民族伟大复兴就有源源不断的青春力量。"向伟林正是这样的榜样人物，他秉承"勤奋求实，励志明德"的校训，在青春路上不断追逐梦想。

坚持梦想

如果说梦想是充满生命力的鱼儿，那么"坚持"就是它所依托的活水，没有水，鱼儿无法存活。不坚持，梦想同样无法实现。

坚持体现在生活上。在向伟林小时候，他的家庭以采茶为生，他经常在茶园里帮父母做农活。虽然辛苦，但这段经历对他来说是人生中的美好回忆和宝贵财富。初中时期，他选择到城里读书。在城里需要自己住廉租房，虽然年龄尚小，但向伟林能够在完成繁重课业的同时自己一个人生活。即使很辛苦，他也咬牙坚持，才有了后来的成绩。

坚持体现在学习上。由于条件有限，向伟林在大学以前并没有接触过计算机，所以大一的大学计算机基础课程对他来说有一定的难度。向伟林通过摸索和坚持，从学习打字到学习使用工作软件，一点点地把这门课程学得很好。

对于梦想或人生中的任何挑战，"坚持"可以让你如鱼得水。

专 注 工 作

向伟林在大学里参加了很多学生工作，从中收获了很多，"专注"是他获得的至宝之一。大部分学生竞选学生干部的出发点可能是为了丰富履历，但最后真正能承担责任、把事情做好的人寥寥无几。向伟林要求自己做事情时一定要专注。专注不只是对他人负责，更是对自己负责。做完一件事容易，但做好一件事难，只有专注和投入才能真正有所收获。与其敷衍地做十件事，不如专注地做好一件事。如果有像屠呦呦一样"一生做好一件事"的魄力与毅力，奋斗路上便没有什么会使你感到胆怯了。

总 结 经 验

总结经验在工作、学习和生活中能起到画龙点睛的作用。2018 年寒假期间，向伟林到家乡的村民委员会挂职锻炼，从事与扶贫相关的统计工作。他需要翻山越岭挨家挨户地拜访，条件十分艰苦。在这段时间里，向伟林靠着每日总结工作经验、改进工作方法，有条不紊地完成了各项工作。向伟林认为，可以将这种工作经验、及时改进方法的技巧运用在平时的学习和生活中，从而更好地反思自己，提升自己的各项能力。

向伟林参与通海茶叙活动

分 享 方 法

分享可以把快乐放大，也可以把优秀放大。通过分享，向伟林交到了很多朋友。在大一时，他的高数成绩优异，经常在班级里开展小组学习活动，久而久之，他在与大家建立深厚友情的同时，也进一步提高了自己的学习成绩。此外，在担任学生会部长和秘书长期间，他与下一届同学分享了自己的经验，在启迪他人的同时也收获了很多。因此，学会分享，不仅能帮助他人，还能提升自己。

结语：

在铺满荆棘的道路上，困难也许会让我们感到寸步难行，但是只要抬头，我们就可以看到前方榜样坚定的背影，以及更美好的未来。在榜样的鼓舞下，我们要坚持不懈地向着梦想奋勇前行。

学生感悟：

坚持，专注，总结，分享。坚持自己做的每一件事，并且专注在这些事情里，乐于分享、善于总结，这些都是提升自我的重要途径。

——林启航

文稿：张飞宇

拍摄：张颖琳

校对：赵一然

无悔青春

关键词：人生规划、时间管理、大学生活

嘉宾介绍：

马琳杰

马琳杰，上海泰坦科技股份有限公司（以下简称“泰坦科技”）联合创始人、总裁助理。他联合创办的泰坦科技多年来为华东理工大学捐资助学，支持着学校的教育工作与人才培养事业。

嘉宾寄语：

你的眼界决定了你的高度，开阔的眼界可以让你拥有和别人不一样的人生格局。

引语：

董卿曾引用《哈姆雷特》："生存还是毁灭，这是一个永恒的选择题，以至于到最后，我们成为什么样的人，可能不在于我们的能力，而在于我们的选择。"当你老了，睡意昏沉，回忆青春，你的内心是否还能激荡起浪花，从曾经的岁月中获得慰藉？也许，这都取决于正值青春的你所做的每一个选择。

丈量生命的长度

我们从不知道自己的生命会在接下来的哪一个瞬间终止，我们能做的只有努力延长未知的时间。

正值青春的大学生大都觉得自己还很年轻，时间还十分充裕，但过来人都知道，时间是非常有限的。要想充分利用这些有限的时间，做好规划是必不可少的一步。将自己每天要做的事提前记录下来，做好合理的安排，同时督促自己充分利用每一分每一秒，以提高效率。除了做好每日的规划，我们也要为自己的未来做中长期规划，使每日的规划成为逐步实现理想的铺路石。

真正会管理时间的人也会安排好那些重要但不紧急的事，如读书和健身。在大学里，我们可以以培养一种爱好的心态去进行体育活动，并不一定要特别擅长，但要学会坚持，不断提升自我。

拓宽视野

我们常常听到这样一句话：你的眼界决定了你的高度。开阔的眼界可以让你拥有和别人不一样的人生格局。

从小学时我们就知道，拓宽视野的途径之一就是读书。上大学前，常常都是老师、家长逼着我们读书，因此，上了大学之后，我们容易产生逆反心理，反而不读书了。其实，我们在高考之前读的书大多为了高考，而在大学期间，自己主动读的书才是真正有用的。通过阅读一本本书，人的格局会慢慢形成，能让我们在任何时候都保持自信与镇定。

旅行也是拓宽视野的途径之一。别再宅在宿舍的小窝里不出门，你可以挑个舒适的午后，出去走走，看看外面的世界。骑车旅行也是一种很好的方式，当你骑完整个旅程，看过不一样的风景时，你会发现自己的心情截然不同。

结语：

人生是一个不断选择的过程，每个人都有自己要走的那条路，既然选择了，就坚持下去，即使失败，也不会留下遗憾。丈量生命的长度，拓宽视野，过一段无悔的大学生活！

学生感悟：

这次交流会让我对人生有了很多新的感悟，受益匪浅。我们只要找到自己的人生定位，知道自己想做什么并且坚持下去，成功的大门就会为我们敞开。

——山雪曼

文稿：宋文芳

拍摄：林光耀

校对：刘丽娟

第五篇

璀璨文明　强国力量

实现中国梦，是物质文明和精神文明均衡发展、相互促进的结果。没有文明的继承和发展，没有文化的弘扬和繁荣，就没有中国梦的实现。中华民族的先人们早就向往人们的物质生活充实无忧、道德境界充分升华的大同世界。中华文明历来把人的精神生活纳入人生和社会理想之中。所以，实现中国梦，是物质文明和精神文明比翼双飞的发展过程。随着中国经济社会不断发展，中华文明也必将顺应时代发展焕发出更加蓬勃的生命力。

——《习近平在联合国教科文组织总部的演讲》

捕捉生活的每一帧

关键词：校媒力量、校园文化、IP形象

嘉宾介绍：

包雷晶，传播学硕士，KAB创业教育讲师，原华东理工大学“青春华理”媒体中心指导教师，长期致力于网络思政与校园文化研究，对校园IP形象在校园内的开发与应用有着深入的思考，曾连续两年获得上海高校辅导员论坛征文活动一等奖。

包雷晶

嘉宾寄语：

IP形象来源于生活，走出网络，摆脱原有媒体束缚来思考生活、创造形象是文化创造的关键。文化创造不仅可以激活创新思维，而且能装点生活，让生活变得更加精彩。

引语：

有趣的IP形象来源于生活。跳出网络的硬框架和媒体的老套路，思考生活、发挥创造力，做一个给生活带来惊喜的原创人。

随着时代的进步、通信技术的发展与网络的普及，了解网络传媒文化、捕捉时代精神、掌握时事热点成为时代对青年人的新要求。让我们一起做有情怀的媒体人，挖掘生活中的每一帧精彩镜头。

时代的IP大浪潮

在信息流时代，IP成了一个热词。IP是intellectual property（知识产权）的缩写，其所保护的客体是人的智力创造成果。在现实生活中，诸多原创形象、小说、歌曲等的走红推动了IP文化产业的发展，创造出了巨大的文化价值与商业价值。

看似简单的IP为何具有如此强大的价值驱动力？那是因为IP可以被赋予生命力，可以连接影视、演出、图书出版与发行等产业，串联起各条产业链，其最直接的体现就是衍生出众多文创产品。

故宫文创走红网络便是一个例子。为了使故宫博物院重新焕发生机，回归公众视野，特别是进入年轻人的视野，故宫文创做出了巨大的转型。故宫文创巧妙地在传统历史中融入了新鲜创意和流行元素，进而迸发出了新的火花，如“萌萌哒”风格的皇室成员表情包、富有吉祥寓意的生活用品以及兼具知识性和趣味性的《我在故宫修文物》《国家宝藏》《上新了·故宫》等节目。这些对故宫IP的成功演绎，实现了民族品牌的年轻化，让庄严肃穆的历史文化得到了进一步传承和拓展，也让青年一代更加乐于把历史文化分享到自己的社交圈。

校园里的风云IP

用一双发现美的眼睛观察身边的事物，IP形象及其价值便无处不在。

在大学校园里，IP其实也无时无刻不在陪伴着我们。一个好的校园IP形象应当同时具有温度与文化基因，能持续吸引"粉丝"，产生流量。以华东理工大学（以下简称"华理"）为例，ECUST、"小花梨"、通海湖及各种建筑等丰富的形象资源均属于校园IP，我们可以借助这些形象创造出相关的文创产品，把华理的校园形象推广出去。

随着微信这一即时通信工具越来越深入人们的日常生活，华理师生们在微信公众号平台上自主设计了"小花梨"IP形象。每年在新生的录取通知书里，都可以看到"小花梨"欢迎新同学来到华理的亲切问候。如今的"小花梨"文创产品围绕青年人的需求，整合信息资讯，统一文化形象，注重文化凝聚，让自身的虚拟形象逐渐丰满起来。“小花梨”彰显了华理学子的品性，被赋予和延展出了强大的生命力。校园内的宣传标志处处都有“小花梨”的 IP 形象，它代表着华理人、华理情，是华理一块响亮的文化招牌。利用华理文创传播华理文化，激发师生爱校荣校热情，这是华理校园 IP 持续努力的方向。

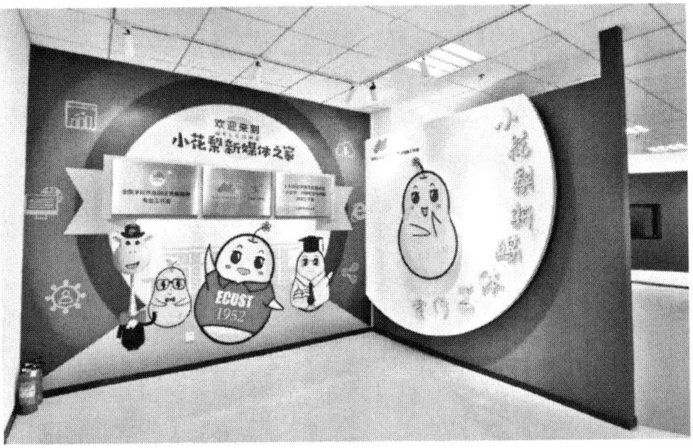

华理“小花梨”新媒体工作室

传承校园 IP 文化

走出校园，步入社会，在未来的工作生涯中，打造 IP 形象所运用的创新性思维也会指引我们更好地规划工作，帮助我们成为热爱生活且会创造精彩的有趣的人。例如，运用IP营销中的“3S”结构，即symbol（用好符号）、story（讲好故事）、soul（创造灵魂）来进行形象创造。“3S”结构正好对应人的认知、认可和认同。如何打造一个让人记住的IP形象，如何在IP形象中融入品牌故事，如何赋予它们生命力，如何让它们获得人们的认同，这些都是值得人们深思的问题。

结语：

紧跟时事热点，把握时代脉搏，让双眼成为捕捉生活中每一帧的最佳镜头。

学生感悟：

我学习的专业知识和这次活动中讲到的文化产品、文化产业有较强的关联性。老师的介绍让我了解了校园IP，同时也让我开始思考如何才能更好地传播校园文化。

——吴峪峰

文稿：程雪华

拍摄：张颖琳

校对：陈梦婷

京剧之美

关键词： 京剧、大学生、文化传承

嘉宾介绍：

姜贤武

姜贤武，华东理工大学化工学院2017级辅导员。他热爱京剧，在传播和传承京剧文化的道路上，默默地贡献着自己的一份力量。他曾在全国高校京剧演唱会中荣获二等奖，指导华东理工大学迎新晚会和小年夜晚会的学生京剧节目。

嘉宾寄语：

我希望通过通海茶叙活动，把我了解的京剧知识传递给同学们，帮助同学们提升欣赏京剧的能力。同时，我也希望同学们多去了解中国的优秀传统文化，培养自己的艺术兴趣，让传统文化成为自己追求的新时尚。

引语：

京剧是中华民族优秀传统文化的代表之一，是中国戏曲艺术的集大成者。京剧作为一种高雅的文化和艺术，积淀着中华民族的传统美德和聪明智慧。新时代的青年大学生有传承中华优秀传统文化的责任和义务。京剧走进校园、走进学生生活，对营造高品位的校园文化氛围，对进一步陶冶学生情操、培养学生艺术情结、提高学生文化修养具有积极作用。

京剧的本源之美

京剧里有四个行当，即生、旦、净、丑。生，指男性；旦，指女性；净，指性格刚烈或粗暴的男性；丑，指喜剧人物，通常鼻梁上抹着白粉，也被称为小丑、小花脸。

京剧是“角儿”的艺术，早期的京剧人杰主要是同光十三绝、老三鼎甲（程长庚、余三胜、张二奎）、小三鼎甲（谭鑫培、汪桂芬、孙菊仙）、四大须生（四大须生是余叔岩、言菊朋、高庆奎、马连良，新四大须生是马连良、谭富英、杨宝森、奚啸伯）和四大名旦（梅兰芳、尚小云、程砚秋、荀慧生）。这些“角儿”对京剧的发展起到了关键作用。了解京剧，需要对京剧史上的杰出人物有所了解。

京剧剧目的内涵之美

姜贤武在进行京剧表演

京剧剧目反映了中华传统文化，在文学、诗词、语言、韵律等方面都有深刻的内涵。以人物演故事的京剧，体现了中华民族的传统美德、智慧和创新精神。学习京剧能够加深对中国历史的了解，很多京剧剧目取材于历史故事，如《将相和》《霸王别姬》《空城计》等。这些历史故事经过艺术加工，以人民大众喜闻乐见的形式呈现在舞台上，能够发挥寓教于乐的作用。还有一些京剧剧目宣扬了中华民族的传统美德，如《杨家将》《穆桂英挂帅》《赵氏孤儿》《三娘教子》等。京剧表演者在表演这些富有教育意义的优秀京剧剧目时就是在讲好中国故事。

梅兰芳与梅派艺术

梅兰芳与梅派艺术可谓家喻户晓。梅兰芳虽唱戏的先天条件不足，但他勤学苦练，取各家之所长，创立了中正平和的梅派艺术，打破了京剧诞生以来一直是老生挂头牌的霸主地位，并率先把中国京剧艺术带到美国、日本、苏联，为传播中国文化做出了杰出贡献。

同时，梅兰芳待人宽厚、救危济困、助人为乐，有着强烈的爱国主义情怀。在抗日战争时期，他“蓄须明志”，不为日本人唱戏，展现了“艺术没有国界，但艺术家有祖国”的信念和态度。

京剧贴近生活

姜贤武与对京剧感兴趣、想要了解京剧的大学生们分享了他学习京剧的经历和体会。从喜欢听京剧到喜欢唱京剧，姜贤武一直在艺术的道路上坚持着。他在老师的鼓励下，不断追求进步。登台演出给了他很多鼓舞，让他体会到了“台上一分钟，台下十年功”的真正含义。京剧还教会他很多做人的道理，让他变得更加乐观、自信。他用自己大三才开始接触京剧的例子告诉同学们：学习永远不会晚，培养兴趣也永远不会晚！

他在活动现场表演了革命现代京剧，如《智取威虎山》中的“穿林海，跨雪原，气冲霄汉”“今日痛饮庆功酒”，《沙家浜》中的“智斗”，《红灯记》中的“我家的表叔数不清”等经典唱段，以及传统戏中的“一马离了西凉界”“八月十五月光明”“一轮明月照窗下”等唱词，向同学们展示了京剧其实十分接地气，贴近大家的日常生活。

对“京剧的唱法和平时我们接触到的歌曲唱法有什么不同”这个问题，姜贤武回答道：“京剧讲究流派，唱词经过精雕细琢，蕴含着古诗词的对仗之美、乐律之美。不同流派风格各异，这也说明京剧是‘角儿’的艺术。”

结语：

中国京剧具有独特的魅力，希望青年大学生多接触和了解京剧，培养艺术兴趣，提升艺术鉴赏能力。

学生感悟：

通过京剧，我们可以学习中国传统文化，了解历史上的杰出人物为国家和民族大义做出的奉献。

——薛冯旭

文稿：罗维溦

拍摄：丁如枫

校对：赵一然

西方音乐鉴赏之旅

关键词： 西方音乐文化、音乐鉴赏

嘉宾介绍：

孙璐

孙璐，硕士，毕业于中央音乐学院音乐教育学院，现任职于共青团华东理工大学委员会，系艺术教育中心指导教师，主要负责与学校美育、校园文化、艺术团建设等相关的工作。

嘉宾寄语：

结合音乐与绘画去探索西方历史文化的变迁，感受艺术在历史进程中对社会产生的影响。

引语：

纵观历史进程，西方社会文化的变迁离不开音乐对人与社会

产生的影响，让我们从西方文化史的角度，伴着历史长河里跳动的音符，一起踏上西方音乐鉴赏之旅。

“沉默压抑”的时代

说起中世纪时期的音乐历史，当时西方人对音乐的认识是理论高于实践的。有一幅中世纪时期的壁画，上半部分是人在演奏音乐，下半部分是一群野兽。其寓意为如果一个人不知道自己在做什么，那么对他的界定可归于兽类。还有一幅画，它可以被分为三个部分，每个部分有着不一样的形象，表达了中世纪思想家心目中的“三种音乐”——天乐、人乐、器乐。最上面的部分是一般人理解不了的“天乐”，中间部分是加入了思想、有个人表达的人乐，最下面的部分是没有思想、没有灵魂的器乐。总而言之，在中世纪时期，音乐理论方面的发展水平是在音乐实践水平之上的。如果你听过能够代表中世纪时期音乐

孙璐参与通海茶叙活动

风格的纪尧姆·德·马肖的《圣母弥撒曲》，或许你就能直观地感受这一点。但这是可以理解的，因为我们并不是中世纪时期的人，没有在那样的环境中生活过，自然无法做到感同身受。

在中世纪时期，由于宗教的控制，那些带有创新性思想的行为都受到了抑制，西方的艺术氛围毫无生气，音乐也因此显得单调、枯燥，而到了文艺复兴时期，人们开始强调人文主义。此时，听听帕莱斯特里那为圣母弥撒做的曲目，再对比中世纪的曲目，我们的第一感受便是乐曲出现了明显的节奏、丰富的音色，至少有四个声部，能够真正被称为"合唱"了。这是一个音乐随文化发展的变化过程，艺术氛围由沉闷开始向活跃转变。

"艺术兴起"的时代

巴洛克(Baroque)源于西班牙语及葡萄牙语中的"变形的珍珠"(Barroco)，有"俗丽凌乱"之意。欧洲人最初用这个词指"缺乏古典主义均衡特性的作品"。它原是18世纪崇尚古典艺术的人们，对17世纪不同于文艺复兴风格的作品的带有贬义的称呼，但如今这个词已没有了原有的贬义，仅指17世纪风行于欧洲的一种艺术风格。

巴洛克时期(约1600—1750年)是西方艺术史上的一个时代，

全盛期在 17 世纪。巴洛克艺术最早出现在 16 世纪后期的意大利，直到 18 世纪才在某些地区，如德国和南美殖民地达到极盛。巴洛克时期的音乐，每个音符都充满了能量，节奏生动，乐曲中包含大量的装饰音。在 18 世纪，随着洛可可(Rococo)风格的出现，巴洛克时期宣告结束。

接下来的古典主义时期(1751—1820 年)是器乐音乐繁荣的时代。在这个时期，管弦乐音乐会开始向公众开放，交响乐也诞生并发展起来。古典主义时期的音乐，音符规范，多使用音阶以及清晰分割、长度均匀的乐句，旋律优雅且多有重复。

随之而来的 19 至 20 世纪是音乐诗人的时代。如果说古典主义时期是一个规规矩矩、要求作品完整的时期，那么 19 至 20 世纪开创了新一轮的变化。这一时期的曲风变得越来越自由、灵活。其间产生的浪漫主义风格更是一发不可收，人们对乐曲的赏析也开始变得复杂多样。

到了 20 世纪，音乐呈现出流派纷呈、风格迥异的景象，印象主义、新古典主义、民族主义等多种风格并存。如此一来，音乐的更多可能性被挖掘出来，为打破常规、推陈出新打下了基础。

结语：

聚焦不同时期的音乐作品，在音乐给予的线索中，我们可以了解一种文化，读懂一个时代。

学生感悟：

平常我听的音乐大多是大众流行音乐，此次分享活动让我更加深入地了解了与音乐有关的专业知识。我觉得我应该更多地去了解这方面的专业知识，从老师分享的歌单和书籍中接触不同的音乐类型，提升自己的音乐素养，从音乐的视角读懂世界。

——玉丹娜

文稿：罗维溦

拍摄：张慧

校对：刘丽娟

第六篇

只争朝夕　不负韶华

为学之要贵在勤奋、贵在钻研、贵在有恒。鲁迅先生说过:“哪里有天才,我是把别人喝咖啡的工夫都用在工作上的。”大学阶段,“恰同学少年,风华正茂”,有老师指点,有同学切磋,有浩瀚的书籍引路,可以心无旁骛求知问学。此时不努力,更待何时?要勤于学习、敏于求知,注重把所学知识内化于心,形成自己的见解,既要专攻博览,又要关心国家、关心人民、关心世界,学会担当社会责任。

——习近平:《青年要自觉践行社会主义核心价值观——在北京大学师生座谈会上的讲话》

运动让生命充满活力

关键词：体育运动、乐趣、活力

嘉宾介绍：

李鹏

李鹏，华东理工大学体育科学与工程学院教师，校曲棍球和普通大学生田径队教练，2017上海国际马拉松赛国内男子组第三名，2017长沙国际马拉松赛男子组冠军。他的最快成绩是800米用时2分3秒，5 000米用时16分21秒，全程马拉松用时2小时24分。

嘉宾寄语：

我们要挑战身体的极限，但不要一次性冲到"天花板"上。

星星之火可以燎原，我希望自己可以带动更多的人参与到运动中来。

引语：

华东理工大学在体育教育和体育竞赛中硕果累累。作为校园体育运动达人的李鹏老师，结合自身经历给予了同学们体育运动方面的指导。

尼采说："每一个不曾起舞的日子，都是对生命的辜负。"身体永远是革命的本钱，养成锻炼的习惯，保持健康的身体，才能让我们的生命充满活力。

苦中寻乐

体育运动在多数人看来是一件很累的事，因此也就很容易使人对其产生倦怠心理，但当你能真正全身心投入其中时，你会发现体育运动的功能不只是强身健体、愉悦身心。不过，要想真正做到把体育运动坚持下去，就必须在体育运动中找到乐趣。很多人不喜欢甚至讨厌跑步，觉得跑步很痛苦，这很可能是热身放松、训练方法、跑步技巧、运动恢复等做得不够好，影响了自己对跑步的体验。比如，练习 800 米，在前期的训练中可以放慢速度，可以两分半钟跑一圈，是不是就不会觉得那么累呢？刚开始训练时，增加单次跑步的距离不能操之过急，每次设置的跑步距离都需要2～3个星期的时间让身体充分适应，培养出一种“不累”的心理暗示之后，再慢慢增加距离。务必牢记：不要在体育运动初期过度挑战身体的极限。对备战长距离跑（半程或全程马拉松）的同学而言，前期的适应性准备需要更长的时间，合理的周期一般是两年，打好基础、积累经验后才能参加半程或全程马拉松。

有氧运动是大学生健身的最佳选择之一。要想达到有氧训练的目的，一定要满足三个必备条件：氧气充分供应、保持中等的运动强度（心率保持在130～150次/分）、运动时间达到30分钟以上。关心如何通过体育运动达到减肥目的的同学，应注意分辨所选择的体育运动属于有氧运动还是无氧运动。一般来说，如果有减脂需求，则需要多做有氧运动。无氧运动虽然有助于增强肌肉

李鹏参与通海茶叙活动

力量，但在减脂方面的效果不佳。一般来说，在踢足球、打篮球、打网球、打羽毛球等常见的球类运动中，无氧运动的比例大于有氧运动的比例，这是很多同学想通过球类运动减肥却没有达到预期效果的原因。

运动前的热身（预热）

在 800 米、1 000 米的体育测试中，大学生经常跑几百米后就严重降速，出现这种情况多半是由于忽视了热身活动的重要性。运动前热身不仅可以防止肌肉拉伤，而且可以推迟身体负荷极点到来的时间。我们在跑步测试或体育运动比赛中出现内脏痛、呼吸急促、手臂麻木、腿部肌肉酸胀等情况，很可能是因为没有做好热身活动。怎样热身才能达到最佳的运动效果是非常值得研究和学习的。一般情况下，跑步的距离越短，热身时间就要越长；如果跑步的距离或比赛的时间较长，热身强度就要偏低且热身时间要偏短。

例如，如果参加 110 米跨栏比赛，赛前热身的时间就要接近两小时。在热身时，我们可以通过反复地慢跑、拉伸、短距离冲刺跑，让热身强度和比赛强度基本持平。这样有助于避免在实际比赛过程中肌肉拉伤，同时还有助于把状态调整到适合比赛的最佳状态。李鹏还分享了自己参加马拉松比赛的经验：一般提前 30 分钟开始慢跑，然后进行肌肉拉伸、低强度的快速跑等。虽然热身方式有很多种，但是所有热身的目的都是避免受伤，达到提升运动表现力、缩短恢复周期的效果。

体 力 分 配

运动不仅需要力量，还需要潜心研究和思考。我们在练习跑步的过程中，要多思考什么样的技术动作更省力、怎样合理分配自己的体能、怎样的配速可以跑出最佳成绩。如果参加跑步比赛，还要考虑竞争对手的特点，如竞争对手是速度型选手还是耐力型选手。如果慢跑锻炼身体，戴上耳机，听一些节奏感强的音乐来转移注意力、减少疲惫感，也是一个不错的选择。

很多人对跑步时脚的落地部位存在疑惑，如果跑步时脚步声“哒哒哒”地响，说明脚的落地方式不对。比较合理的落地方式是脚前掌外侧着地，落地后脚部要有一个自然的向前滚动，当身体的重心投影点和脚的触地点重合的时候，就是发力蹬地的最佳时机。

结语：

生命在于运动，风华正茂的大学生应该对体育运动抱有热情，在运动中彰显青春的活力。大学生应采用合理的运动方式，走出寝室，走向运动场，用汗水挥洒出不一样的人生。

学生感悟：

很开心能有这样近距离和老师交流的机会，我也学到了很多有趣且有用的体育运动知识。例如，运动完不拉伸的话，久而久之腿上会有凸起的肌肉块，而这一情况很大程度上可以通过正确地做拉伸运动来避免。

——席国昕

文稿：刘卓立

拍摄：获慧颖

校对：刘丽娟

知行合一，实践追梦

关键词： 社会实践、项目设计

嘉宾介绍：

魏星，共青团华东理工大学委员会副书记、副教授，在指导社会实践和培育优秀社会实践项目方面有丰富的经验，曾荣获上海市青年五四奖章、上海市大学生暑期社会实践优秀指导教师称号等。

魏星

嘉宾寄语：

“知”与“行”是可以相互促进的。

引语：

知行合一，实践追梦，带你了解社会实践背后的那些锦囊妙计。

何谓社会实践

大众理解的社会实践大体上分为社会调查、公共服务两种类型。从广义上来说，学生在寒暑假、正常上课间隙去企业实习或者到某一个地区针对某一问题通过做访谈、发问卷等方式开展研究等，也可以被称为社会实践。

华东理工大学十分重视社会实践，着力开展社会实践"双百双千"工程，组织百名指导教师、千名学生，走进百家重点单位、千个乡镇社区开展社会实践，鼓励大学生深入基层、深入群众、深入实际，了解国情，体验民情。学校遴选出具有前瞻性、持续性、创新性的社会实践项目，申报全国大学生文化科技卫生"三下乡"活动及"知行杯"上海市大学生社会实践项目大赛（以下简称"知行杯"）。社会实践"双百双千"工程被纳入华东理工大学党委书记2019年度履职亮点项目。

华东理工大学学生在社会实践方面也取得了优异的成绩。2019年暑期，药学院的"00后"实践团走近"脱贫攻坚"一线，与扶贫干部、基层群众面对面；商学院的"薪传七十载，重走长征路"暑期实践团队，走进红色纪念馆，传播红色基因；理学院的"E-Lab"科技小屋，用科技扶志助力精准扶贫。

不打无准备之仗

以“知行杯”为例，学生在参赛前可以多方位详细地了解社会实践的目的、意义以及参赛注意事项。“知行杯”中的“知行”取自明代思想家王阳明的“知行合一”，“知”是指在学校课堂或网络平台上的所学，“行”是指在社会环境等真实场域下的实践。“知”与“行”是可以相互促进的。

“知行杯”分为以下三个类别：社会服务类，即以公益性、服务性为核心要素，包括理论普及和宣讲、科技支农帮扶、教育关爱、文化艺术、爱心医疗等服务，着重关注实践项目所带来的社会效益；社会调查类，即以研究性、社会性为核心要素，主要围绕国家和城市经济、社会发展的重点领域和热点开展实证调查并形成实践成果，最终以完整的调查报告的形式呈现；专项行动类，即根据市委和团中央部署，围绕重大国家战略和重要纪念活动开展的专题性社会实践项目。大多数华东理工大学学生接触的主要是前两个类别的项目。

“知行杯”的流程如下：首先是校级培育，其次是校级预选，然后是市级复赛，最后是市级决赛。一般决赛会有六个组别，队伍总共不超过 100 支。科学性、创新性、可行性、现实意义是评分标准中的重要维度，队伍在某一个维度体现专长即可。华东理工大学的学生可以依托理工科的专业背景优势，结合专业特色去开展社会实践项目。

选好金牌选题

如何确定社会实践项目的选题一般是最让参赛大学生头疼的。大学生在确定选题时普遍存在两个问题：一是选题过于宏大，无法针对某一种现象或某一类问题进行深入调查；二是缺乏整体性的实践计划和方案，抱着“走一步算一步”的想法完成项目。以上两个问题使参加社会实践的大学生很难达到预期的实践目的。

针对社会实践选题，我们要充分结合自身专业，聚焦国家发展战略和规划，有条件、有资源的大学生应努力到“一带一路”沿线国家开展海外实践。此外，我们还要聚焦社会普遍关注的问题，瞄准可能产生创新价值、社会价值和重大影响力的领域，开展社会实践。

“知行杯”等社会实践大赛决赛格外注重项目计划书的细节。评委评判每个项目的时间往往是很有限的，因此排版好坏、有无错别字等能体现参赛团队对这个社会实践项目是否用心，会影响评委打分。

结语：

脚踏实地，砥砺前行。实践出真知，学子长才干。青年人应心怀赤诚，在祖国大地乃至世界各地，播撒实践的种子。

学生感悟：

之前，我对“知行杯”等一系列大学生社会实践大赛的办赛宗旨和评选要求，社会实践项目应该如何确定选题、做到怎样的程度以及如何呈现成果等，缺乏深入的了解和认识。听了魏星老师的介绍后，我得到了上述问题的答案。实践出真知，只有迈出第一步，勇敢地接触从未尝试的事物，才会收获更多的真知灼见与成长进步。

——房煦峰

文稿：韩红伯

拍摄：李广儒

校对：陈梦婷

脚踏实地，勤研善教

关键词： 化工、区域风险评估

嘉宾介绍：

孙东亮

孙东亮，工学博士，华东理工大学副教授、硕士生导师，华东理工大学资源与环境工程学院本科教学督导组成员，上海市化学化工学会环境科学与工程专业委员会秘书，国家二级安全评价师，国家注册安全工程师，安全生产标准化考评员，研究方向为区域风险评价、安全规划及应急辅助决策、化工事故多米诺效应风险评价与控制、化工园区设计安全间距及布局。

嘉宾寄语：

勤于研而善研，勤于教而会教，以教促研，以研促教。

引语：

平凡、朴实、幽默，他是讲台上平易近人的老师；踏实、严谨、专注，他是科研领域的榜样。

亲切朴实，良师有约

孙东亮自嘲在上大学时，是个“傻小子”，对身边的人或事总是没有太多的兴趣，后来才意识到应该多出去走走，看看外面的世界，多交些新朋友。虽然大学所学专业并不是自己最喜欢的，但是孙东亮坚信，做什么都要努力，不要太“挑食”。就像一杯咖啡，刚喝时觉得苦，但如果只喝一口就放弃，不慢慢品味，就不会品尝到它的醇香。

2010 年，孙东亮向华东理工大学投出了人生中的第一份简历。或许是与华东理工大学有着解不开的缘分，他很幸运地被聘用了。任教以来，年轻有为、言辞活泼的他深受学生的喜爱。孙东亮教过的学生在校期间都叫他老师，但毕业之后都称呼他“亮哥”。于学生而言，孙东亮亦师亦友。

待人接物，勇抓机遇

“读书不仅仅是学习知识，更是学习做人。”孙东亮在大学四年里，不仅学到了高等数学、化学方程等专业知识，而且提升了在待人接物等方面的能力，认识了很多志同道合的朋友。态度决定一切，只有端正了态度，才能将事情更好地完成。机遇总是留给有准备的人，勤奋求实并且乐观的人，运气都不会差。我国篮球队在亚运会上夺得金牌后，有人对姚明说：“祝贺你们，你们运气真好。”面对他人对自己实力的质疑，姚明则说：“谢谢你，运气总是留给有准备的人。”

勤奋钻研，专业谨慎

孙东亮在对化工区域风险评价与控制开展研究时，不贪大求快，只求脚踏实地。他曾负责若干项国家级、上海市市级及其他省部级科研课题，在区域风险评价、安全规划及应急辅助决策、化工事故多米诺效应风险评价与控制、化工园区设计安全间距及布局研究等方面取得了突出的研究成果，得到国内外同行的高度评价。凭借一步一个脚印的做事态度，孙东亮在其研究领域开辟出了自己的一片天地。

结语：

对学生春风化雨般的亲切关怀，一点一滴都会落在学生的心里，为学生成长成才助力。保持一颗科研初心，脚踏实地，一步一个脚印，终能有所成就。

学生感悟：

在这次通海茶叙活动中，孙东亮老师从自己的人生经历讲到化工区域风险评估等专业知识，这不仅是一场学术交流，还是一场良师益友之间的对话。

——谭雨晨

文稿：马文帅

拍摄：吴永一

校对：刘丽娟、罗维澂

人生十二时辰

关键词： 过程装备技术、疲劳试验研究、人生感悟

嘉宾介绍：

潘家祯

潘家祯，华东理工大学机械与动力工程学院退休教授，1967 年毕业于华东化工学院[①]化工机械系化工机械专业；曾任机械与动力工程学院副院长、图书馆馆长；曾获美国康奈尔大学的邀请和资助，被聘为访问科学家，赴该校进行研究；曾获国务院特殊津贴、上海市育才奖、宝钢优秀教师奖等奖励，以及上海市级教学名师、上海市模范教师等称号；曾连续两届被聘为教育部高等学校机械类专业教学

① 1993 年，经国家教育委员会批准，华东化工学院更名为华东理工大学。

指导委员会委员、过程装备与控制工程专业教学指导分委员会副主任委员。他教授的“压力容器”课程于2007年获评国家精品课程，“过程装备技术”双语课程获评2008年教育部双语教学示范课程。他还申请了多项发明专利。

嘉宾寄语：

在感情的天平上，祖国的分量最重；在人生的旅程中，事业的道路最长。

引语：

30年在历史的长河中是短暂的一瞬，但对潘家祯来说是近半个人生。正是这一晃而过的半生，写满了潘家祯的辉煌故事。

平旦——黎明与希望

1979年，潘家祯34岁，在大学毕业12年后考回了他的母校——华东化工学院，攻读化工机械专业的硕士学位。那年，华东化工学院共招收了60名研究生，其中年龄最大的是1964届毕业生，年龄最小的是1977年恢复高考后的第一届学生。化工机械专业只有他一人被录取，师从化工机械专家据定一教授。

在他硕士即将毕业之时,他收到了一个好消息——国家决定设立硕士、博士学位。华东理工大学化工机械专业成为国家首批博士学位授予点。他抓住了人生中的又一次机遇,顺利通过考试后,成为琚定一教授的第一位博士研究生。

日出——勤恳与奋斗

潘家祯的研究生时光被“试验”填得满满当当。他曾经做过的一个成功的试验是压力容器疲劳试验。在试验过程中,容器壁开裂,裂纹有五厘米长,但是他还要进行超过设计压力一倍的液压疲劳试验,这对试验技术的要求极高。他在容器壁内贴上0.25毫米的不锈钢薄膜,再用橡胶密封,还在裂纹尖端贴上云纹片,确保可以在试验过程中观察裂纹尖端的变形情况,测试疲劳裂纹扩展的规律。压力容器的疲劳试验获得了成功,而且22个容器在试验过程中没有一个渗漏。他和导师琚定一教授曾在多个国际会议上报告这一研究成果。这一研究成果还被收录在国际压力容器十年研究进展之中。在当时,这个试验吸引了许多单位参观,其中来自美国机械工程师学会(ASME)的30多位专家,分两批参观了他的试验。“22个压力容器试验,每个试验要做两万多个周期，一个周期三秒。我中午只去食堂买两个包子，然后就跑回实验室，为的是多争取一点做试验的时间。”潘教授如是说。

隅中——机遇与选择

潘家祯只花费了两年半的时间就完成了博士毕业论文，于1985年6月取得博士学位。美国一位教授看到了潘家祯的简历，便给他写了一封邀请信，请他去康奈尔大学研发测量聚合物在压力、温度变化下体积变化规律的设备。当时全世界这样的设备只有两台，一台在美国科罗拉多大学内，另一台在欧洲。科罗拉多大学的设备放在高温电炉——马弗炉里加热，没有冷却速率，而且采用汞这种有毒物质作为填充剂，因此使用起来非常危险。而潘家祯研发的世界上第三台试验设备符合注塑成型产品真实的冷却速率，以高温硅油代替汞，消除了危险隐患。

潘家祯

日映——家国与坚持

在美国工作了两年并第二次获得英国皇家学会奖学金之后，潘家祯辞去了美国的工作，举家前往英国。英国国家物理实验室为他提供全部硬件，牛津大学则为他提供全部软件。他还聘请了一位牛津大学物理学博士，在谢菲尔德大学建设一套高分辨率的超声波显微镜。同时，他还在国内做微裂纹疲劳萌生的科学研究。国家自然科学基金委员会（以下简称“自然科学基金委”）非常关注他的研究，以原自然科学基金委材料学部主任师昌绪院士为首的考察组访问了潘家祯在谢菲尔德大学的实验室。在英国完成了两年的工作后，潘家祯举家回到了中国，回到了母校。自然科学基金委立即以主任基金的名义资助潘家祯开展“显微疲劳试验方法与显微疲劳试验装置”的研究。他开发了一套装置，在显微镜下进行疲劳试验，可以看到疲劳裂纹的扩展情况。

潘家祯这一辈子遇到了许许多多的机遇。他认为，正是因为他很好地抓住了机遇，所以才一步一步地走到现在。人生是一场竞赛，我们每时每刻都站在不同的起跑线上。

有一年教师节，他的二十几位研究生齐聚在他的办公室，送上祝贺的鲜花。当晚，他深情地写下了感言：

我下过农村，我去过工厂；
我到过国外；
最终我回到了学校，
站在教学的课堂。

面对年轻的学生，
好像子女一样。
如同自己的孩子，
盼望你们茁壮成长。

…………

在感情的天平上，
祖国的分量最重；
在人生的旅途中，
事业的道路最长。

希望你们把握黄金时光，
向着成功远航；
希望你们努力拼搏，
去追求人生的辉煌！

结语：

为自己的未来投资，美好的前程要靠自己创造；为自己努力拼搏，竭尽全力奔向理想的终点。

学生感悟：

潘教授的经历让我感到无比震撼。潘教授一直强调自己把握住了机遇，然而在我看来，他把握住的并非机遇，而是实力。没有实力，几十位考生中怎么会只有他一人被录取？没有实力，他怎么会同时得到在美国和英国两所前沿学校工作的机会？没有实力，他又怎么会两次获得英国皇家学会奖学金？希望当我到了潘教授的年纪时，我也可以将我奋斗过的辉煌人生讲述给别人听。

——马文帅

文稿：初怡

拍摄：宋月

校对：刘丽娟

第七篇

天道酬勤　水滴石穿

有人说："圣人是肯做工夫的庸人，庸人是不肯做工夫的圣人。"青年有着大好机遇，关键是要迈稳步子、夯实根基、久久为功。心浮气躁，朝三暮四，学一门丢一门，干一行弃一行，无论为学还是创业，都是最忌讳的。"天下难事，必作于易；天下大事，必作于细。"成功的背后，永远是艰辛努力。青年要把艰苦环境作为磨炼自己的机遇，把小事当作大事干，一步一个脚印往前走。滴水可以穿石。只要坚韧不拔、百折不挠，成功就一定在前方等你。

——习近平：《青年要自觉践行社会主义核心价值观——在北京大学师生座谈会上的讲话》

“挑战”归来话“挑战”

关键词：青春、挑战、奋斗

嘉宾介绍：

吴佳蔚

吴佳蔚，华东理工大学商学院团委书记、讲师，多次指导学生参与科创竞赛项目，并带领学生获得全国大学生百强优秀社会实践团队、“知行杯”上海市大学生社会实践项目大赛特等奖、“挑战杯”上海市大学生创业计划竞赛银奖、“互联网＋”大学生创新创业大赛上海市铜奖等多项荣誉。

嘉宾寄语：

但行善事，莫问前程，生活终将给你答案。

引语：

吴佳蔚从不质疑未来，也从不懈怠当下。她选择迎接每一次“挑战”，不退缩、不畏惧。于是，她有了一次次华丽的蜕变与成长。

没有亲身经历过的人，往往都是纸上谈兵，只有亲身经历过的人才能感同身受。一次次地直面挑战后，她对“挑战”有了诸多感悟。

知己知彼，百战不殆

提到“互联网＋”“挑战杯”“创青春”等一系列创新创业比赛，大多数人的第一反应是只有优秀的人才能参加这些比赛，但事实并非如此，只要你愿意了解、尝试并着手去做，就能够把一个又一个项目做起来。

千军万马过独木桥，终有落马失足之人。尽管参与门槛低，但要想抵达成功的彼岸，知己知彼、准备万全，方能百战不殆。

“挑战杯”竞赛分为创业类和创新类两类，其中，创新类分为自然科学类和哲学社会科学类两类。在选题方面，只有选择新颖的内容才能激发观众深入了解的兴趣。有能力的同学可以多准备几个选题。在公益类创业大赛中，要把实践活动与社会热点相结合，通过创意和立意提升核心竞争力。

借事修人，因人成事

对创新创业类的项目来说，团队的重要性不言而喻。一个好的团队需要用心建设，合理的团队分工、多学科交叉的人员构成尤为重要。让擅长文书撰写、美工、演讲、财务管理的人才各司其职，从而效用最大化。擅长美工的同学，要能够设计好路演及 PPT；擅长演讲的同学，需要清晰的逻辑思维和出色的临场反应能力。

在做项目的过程中，感到疑虑和困惑甚至崩溃也是常有的，但你并不是孤身一人，在你身后有一支强有力的团队，与团队成员共同面对、共同解决这些问题会有不一样的收获。或许，最后的收获与你的预期不同，甚至让你产生放弃的念头，但请保持那颗初心，带着恒心坚持下去；或许，在讨论项目的过程中，你会与队友产生分歧、发生争执，但请保持那颗初心，带着耐心坚持下去。最终，你会发现不一样的风景，收获不一样的友谊。

不经一番寒彻骨，怎得梅花扑鼻香

在准备参赛的过程中，吴佳蔚及其团队付出了莫大的努力与牺牲，才换来了喜人的成绩。靡不有初，鲜克有终。吴佳蔚及其团队经常讨论项目直到凌晨，吃完早饭、小憩、洗漱后，又投入第二天的“战斗”。所以，参加比赛要有吃苦耐劳、屡败屡战的精神。面对许多缺失的数据、海量的资料，成员们需要花大量的时间与精力整理。在一开始很明确的方案，也可能会在最后的实践中，为了精益求精，而被不断地推翻。

不经一番寒彻骨，怎得梅花扑鼻香。参加创业实践不仅能增强创新意识，还能提升人际交往能力、分析与解决问题的能力，并且收获友情、拓展人脉，成为青春回忆中闪光的一次经历。

结语：

勇敢地突破自我，直面每一次“挑战”，在青春路上义无反顾地奋力拼搏一次，生命终将呈现与众不同的精彩。

学生感悟：

通过此次对话，我不仅对“挑战杯”的各项流程与具体事宜有了初步的了解，而且学习到了“挑战杯”背后蕴含的团队合作精神和挑战精神。我对“挑战”这一个词也有了更深入的、不一样的认识。“挑战杯”不仅能让我们通过比赛提升能力，还能带给我们许多额外的收获和难忘的成长经历。

——龙洋

文稿：顾叶恺

拍摄：张颖琳

校对：刘丽娟

慈善是我的终身事业

关键词： 慈善、契约精神、坚持

嘉宾介绍：

秦志刚

秦志刚，三届“上海市慈善之星”获得者，坚持慈善事业长达 20 多年。从受助人到“民间爱心大使”，秦志刚秉持一颗奉献社会的心完成了身份的转变，并将从事慈善作为自己唯一的事业。他的经历曾多次被《解放日报》《人民日报》等报纸报道。

嘉宾寄语：

公益不分大小，慈善不分大小，人人都能做慈善。作为普通人，我们为社会做自己力所能及的事，就是在做慈善。

引语：

秉持“人人为我，我为人人”的信念，秦志刚踏上了慈善事业的道路，他以身作则，坚持20多年为儿童和贫困地区群众提供帮助，用自己的经历与成就让我们相信“只要人人都献出一份爱，世界将变成美好的人间”。

秦志刚从1998年开始从事慈善事业，这并非他一时心血来潮的决定。1994年，秦志刚的女儿突患白血病，急需社会好心人捐献骨髓。在发布捐助征集的消息之后，最终收到一位好心人的骨髓捐献以及社会上许多好心人的资助。秦志刚非常感动，秉持着“别人帮助了我，我也要去帮助别人”的初衷，他于1996年加入了中华骨髓库，这成为他慈善事业的开端。

送去“生命的种子”

加入中华骨髓库之后，秦志刚便承担起给全国各地送“生命的种子”——骨髓的任务。有时他会一直忙到深夜，但他从无一句怨言。他认为，公益是一份令他无法割舍的事业，一旦投身其中，便要倾注全部热情，竭尽所能地帮助他人。

秦志刚也经常在医院做慈善，招募一些志愿者给医院的孩子们上课、讲故事，协助他们进行治疗。他会单独为一些患病的孩子联系爱心医院、给予救助。他为每一家被资助的医院都做了一面心愿墙，用来给孩子们写愿望。同时，他也会组织志愿者或外科护士等人员在每年六一儿童节前给这些孩子准备礼物，希望孩子们获得快乐，这对他们的治疗与恢复有所帮助。他曾经帮助一个脸部被大面积烧伤的农村孩子进入曙光医院治疗，并和医院签订协议，孩子的家庭不需要出任何费用。如今，孩子的面部也已得到了良好恢复。

此外，秦志刚也没有落下脱贫帮扶这一项工作。他去过四川、贵州、云南等地，走访过许多村庄。如今，年逾花甲的他仍在翻山越岭，只为能够帮助需要帮助的人，解决贫困地区孩子的教育问题。

慈善不是一句口号，要认真地落实。每收到一笔爱心人士给求助对象的捐款，他就会写一份收条寄回去，并将每笔捐款登记在册，以保每一笔捐款都能够落到实处。他帮助了那么多人，却从不

秦志刚参与通海茶叙活动

认为自己在做什么惊天大事，而仅将之视为他力所能及的一些平凡的小事。

秉持契约精神

秦志刚做每一件事都亲力亲为、非常认真。“做一件好事容易，做一辈子好事难。”秦志刚从事慈善的这 20 多年来，始终保证做到问心无愧，坚持让每一笔善款落到实处，获得了社会各界的一致认可，因此他的慈善事业越做越“忙”。《解放日报》《人民日报》都报道过他的事迹。“认真去做，答应别人的事情就要去做”，这是一种契约精神。也正因为他的这种契约精神，各个地方政府、机构都愿意找他担任慈善大使。

秦志刚很看重信用，因为“诚信是金”，但它又是金钱无法衡量的。即使在家人眼里他做事有些古板，但他始终坚守自己认为重要的东西。

人人都能做慈善

并非只有富有的人才能做慈善，普通人也能做慈善。做慈善需要投入一定的资金或精力，富有的人能够提供资金，大学生可以奉献时间。我们可以从自己力所能及的事做起，只要帮助到了别人，就是做慈善。

秦志刚表示，只要他身体健康，就会把慈善继续做下去。做慈善使他感到十分充实，尤其是看到他帮助的孩子恢复了朝气的时候，他就感到无比的满足。他希望大学生们能够加入公益组织，尽自己的力量为社会做出一份贡献。

结语：

坚持以做慈善为自己事业的精神难能可贵，做一件好事容易，做一辈子好事难。秦志刚不畏艰难困苦、始终如一的宝贵精神值得每一个青年人学习。

学生感悟：

做慈善最重要的便是坚持，秦志刚老师的慈善事业从一点一滴的小事开始，数十年如一日。我来自云南农村，受周围人、事以及环境的影响，我想走出农村，去外面的广阔世界见识一番。我有志于好好学习，在上海闯荡历练，积累足够的经验和能力之后回到家乡，为家乡的公益事业做一点贡献。

——马佐江

文稿：罗维溦

拍摄：王世博

校对：罗维溦

写好简历的“三计”

关键词：简历、求职

嘉宾介绍：

施泽琦，华东理工大学社会与公共管理学院2014届公共事业管理专业毕业生，先后就职于小南国(集团)有限公司、上海国际医学中心的人力资源部。

施泽琦

嘉宾寄语：

一份好的简历可以给对方留下好印象，更能为未来积累资源。

引言：

逐年增多的大学毕业生数量使就业形势日益严峻。一份别具一格的优秀简历能为自己增添一份信心，让自己从千万人中脱颖而出，让职位主动来“敲门”。

自古以来，兵家作战讲究兵法。当下大学生面临着严峻的就业形势，承受着巨大的就业压力，求职就像一场没有硝烟的战争。为了打赢这场仗，不妨悉心研究写好简历的“三计”。

第一计——毛遂自荐

这个世界上有许多的“千里马”，却并不是每一匹都能遇见自己的伯乐。学会毛遂自荐，主动做自己的伯乐，可以大大提高成功的概率。简历上首先要有全面的个人基本信息，如姓名、性别、出生年月、学历、毕业院校、电话、联系方式（通信地址与电子邮箱）、政治面貌、籍贯、照片等，让招聘单位能在短时间内了解你。做完简历要先认真检查，避免出错。

施泽琦参与通海茶叙活动

但是毛遂自荐也不一定都会成功，还需要注意主次分明、突出重点。在写教育经历时，建议采取时间倒序的方式；如果有工作经历或实习经历，建议通过事件、过程、数据等有序地表达；对自己获得的奖励和荣誉要有所取舍、归类划分，有重点、有层次，让别人记住你的亮点。

第二计——择善而从

对将要从事的工作，我们应该慎重对待、择善而从，寻找与自己的价值观、信仰、理念相符的单位，这样才能收获归属感，并且充满热情地工作。对想应聘的职位，我们要有自己的意愿和要求，而不能将就。“海投”简历、“随遇而安”，其实是对自己不负责。我们要在简历的显眼位置表明自己的求职意向。如果招聘单位有多个岗位都适合你，切忌贪多，只写一个意向岗位即可。由于人事大多是有目的地为公司空缺岗位招聘合适的人员，因此要让人事在短短几秒的“阅卷”时间里直接看到你的答案，否则会错失良机。

第三计——投其所好

简历之所以如此重要，是因为它极大地左右了人事对你的印象，进而决定他是否会留下你的简历并让你进入面试。人事通常会在工作日上午筛选简历,所以投递简历的时候要学会挑时间。虽然看似有些取巧,但是运气也是成功的一部分。

人事需要在短时间内筛选几百份甚至几千份简历,一份简历的过目时间可能不会超过10秒,想要你的简历在这10秒内给人事留下印象,就需要注意很多问题,也需要具备一些出彩的地方。撰写简历时可遵循star法则:"s"指情景(situation),"t"指承担的任务(task),"a"指采取的行动方式(action),"r"指最终的结果或效果(result)。按照这样的顺序,将自己的经历或具有创造性的过程叙述出来,会增加简历中的亮点,助力自己求职成功。

当然,最好准备两种及以上形式的简历,以便根据实际情况,投递不同形式的简历。

结语:

知己知彼,百战不殆。首先应充分了解自己的能力和求职的目的,了解招聘单位的要求,然后用一份出彩的简历敲开未来的大门。

学生感悟:

施老师的分享让我了解了简历制作的技巧,知道了怎样才能制作一份优秀的简历,以及制作过程中要避免哪些雷区。同时,我也明白了可以通过尝试和调查，逐步确定自己的职业方向和适合自己的职位。

——李欣喆

文稿：田贇依

拍摄：张兰心

校对：刘丽娟

第八篇

砥砺报国　无悔青春

广大青年要有敢为人先的锐气，勇于解放思想、与时俱进，敢于上下求索、开拓进取，树立在继承前人的基础上超越前人的雄心壮志，“以青春之我……，创建青春之国家，青春之民族”。要有逢山开路、遇河架桥的意志，为了创新创造而百折不挠、勇往直前。要有探索真知、求真务实的态度，在立足本职的创新创造中不断积累经验、取得成果。

——习近平：《在同各界优秀青年代表座谈时的讲话》

漫谈"大""学""道"

关键词：大学、大学生、大学之道

嘉宾介绍：

王荣发

王荣发，华东理工大学教授，上海市精品课程"思想道德修养"责任教授，国家社科基金项目成果鉴定专家，教育部学位论文评审专家，主要研究方向为思想政治教育与德育、马克思主义中国化与党的建设等，出版著作19部，发表论文100多篇，享受国务院政府特殊津贴，获得省部级教学成果奖、学术成果奖及各类荣誉称号20多项。

嘉宾寄语：

大学的品格在于对大学问、大道德、大理想、大抱负、大责任、大贡献的追求。大学之"大"，在于它以"大"的学问为依托，旨在培养大气浩然的“大写之人”，所以它培养的人叫“大学生”。

大学精神贵在志气，志存高远，为时代培养出一批又一批顶天立地的栋梁才俊。

引语：

那些烙印在传统文化中的大学基因，至今仍然是我们回归大学本源、理解大学内涵、坚守大学精神、走好大学之路的灯塔航标。

何谓大学之“大”？

在详谈“大”之深意之前，我们不妨先用行书字体在纸上书写“小”“中”“专”“大”四个字，通过笔画走势来体验各个字的特点。然后再找四个同学用肢体摆出这四个字的姿态，从中获得对这四个字的切身感受。通过笔画语言和肢体语言，我们可以感受到：小学的“小”是向内聚拢、内敛吸收的；中学的“中”是向两极延伸、上下过渡的；大专的“专”是一技之长、一点着地，不够稳定；大学的“大”则是开放、扩张的，呈现五维拓展、全面发展的态势，具有更强的稳定性。

放眼现实生活，我们的人生不应该只要求守住底线。“取法乎上，仅得其中。”“取法乎中，仅得其下。”一个人制定了高目标，最后仍然有可能只能达到中等水平；而如果制定了一个中等的目标，最后有可能只达到低等水平，所以不应该将标准定得过低，过低了往往会连最低标准都达不到。无论是治学做事还是立德做人，都应该追求高层次的目标，志存高远并为之努力奋斗，才有可能达到更高一层的境界。除了追求成绩优异外，我们还应该充实自己的内心，追求“大”的风度和气质。

大学之“大”，在于五维拓展，在于它是以“大”的学问为依托，对大道德、大理想、大抱负、大责任、大贡献不懈追求的大舞台。

何谓大学之“学”？

“古之大学所以教人者……其法则博学、审问、慎思、明辨、笃行……”这既是大学之“学”的态度和方法，也是大学之“学”的内容和要求。

由此，大学之“学”更强调“自学”“活学”和“博学”。“自学”要求自己是学习的主人，自己主动参与学习，有主见地组织自己的学习。“活学”就是要善于审问、慎思、明辨、笃行，善于举一反三、触类旁通。“审问”就是强调问题导向，带着问题进课堂；“慎思”要求谨慎思考，在思想碰撞中绽放火花；“明辨”要求辨明真伪、懂得取舍，完善自己的知识结构；“笃行”就是要付诸实践，开展创新性、实践性学习。教育家叶圣陶有一首诗写道：“读书忌死读，死读钻牛角；矻矻复孜孜，书我不相属。活读运心智，不为书奴仆；泥沙悉淘汰，所取唯珠玉。”这是对“活学”的最好诠释。“博学”是指学习不仅是接受知识，而且是在接受知识的过程中增长学识、增强能力，善于化知为识、化识为智、化智为力，建构博学多能、多维拓展的智能结构，以全面学习促进全面发展。这才是大学学习的本质所在。

大学追求的和谐、博雅、通识、综合的素质教育，决定了大学之“学”的内容之广泛、内涵之深刻、内蕴之丰厚，涉及求学求知、做人做事等诸多方面，关乎人的全面发展和综合能力提升。由此观之，大学之“学”是一种真正的大“学”，是博大之学，而不是大概学学。

何谓大学之“道”？

《大学》开宗明义地指出：“大学之道，在明明德，在亲民，在止于至善。”《大学》还阐明了明德、亲民、止于至善的具体方法和步骤：格物、致知、诚意、正心、修身、齐家、治国、平天下。

大学是我们发现自我、找寻自身使命的圣地，是我们精神品位的酿造者。年轻的学子们在这里展开人生的讨论、探索、追求，在智慧打磨中格物致知、诚意正心、修身明德、革旧布新、追求至善。大学的魅力正是在这种打磨中由外而内、再由内而外散发的，体现了大学之道的一贯理念和精神。

承担起引领城市精神、民族精神、时代精神以及不断提升公民素质的责任，是大学之“道”的魂魄所在。大学精神贵在志气，志存高远，为时代培养出一批又一批栋梁之材。

结语：

在“大”“学”“道”这三块基石上，新时代的大学生要立足于良好的知识基础和道德基础，怀有理想目标和志向抱负，提升学习思考能力、实践创新能力，努力成为有理想、有本领、有担当的时代新人，为实现中华民族伟大复兴做出应有的贡献。

学生感悟：

“腹有诗书气自华”这七个字是王教授给我留下的最深的印象。王教授旁征博引，用诸多古今智者的思考向我们阐释了“大”“学”“道”，并送给我“风度”二字，即通过大学的短暂时光将自己塑造成一个风度翩翩的人。王教授的谆谆教诲让我对大学之道有了更清晰的认识。

——顾叶恺

文稿：程雪华

拍摄：范子萱

校对：罗维激

润物无声

关键词：英文诗歌、跨文化交际、外语学习

嘉宾介绍：

颜静兰

颜静兰，毕业于北京大学和英国曼彻斯特大学，现为华东理工大学外国语学院教授、澳大利亚研究中心主任、研究生课程建设委员会主任，兼任中国跨文化交际研究会常务理事兼上海分会副会长、中国澳大利亚研究会常务理事、全国高校英语报刊教学研究会常务理事、上海市外文学会常务理事兼副秘书长、上海市外国文学学会常务理事，获“全国师德标兵”“上海市级教学名师”称号，以及宝钢优秀教师奖、上海市三八红旗手、华东理工大学首届“张江树教学名师”一等奖等荣誉。

嘉宾寄语：

The limit of language means the limit of the world and vision.

语言的局限就是世界和视野的局限。

引语：

“各种文明本没有冲突，只是要有欣赏所有文明之美的眼睛。”学习一门语言，了解一国文化，从而在文化润物无声地影响下，我们能够发现语言的美丽动人之处。

在语境中学习

从世界范围来看，中国学生在外语学习上花的功夫的确很多，可谓从小学到大，但在真正学懂外语、和外国人畅快地进行有效交流方面不尽如人意。

一些学生学习外语主要是为了应付考试或获得高分，所以学习方法十分机械，如背单词、“刷”试题，往往不能掌握正确的方法，更谈不上灵活运用。事实上，机械地背单词对学好外语毫无意义，我们只有深入一篇篇阅读、一个个生动的语境，才能真正地掌握外语的用词与用句。

在阅读中理解

大学生应更加清晰自己的目标与人生方向，学会自主地学习与应用外语，而不是仅停留在考试层面。颜静兰在北京大学求学时，每周必读一本英文书，从简易读本到原版经典小说、散文或诗歌集。丰富的阅读积累可以使我们在外语的运用方面打下牢固的基础。要想真正了解一国的文化，需要阅读大量的书籍，书中营造的语境能够让人身临其境，进一步感受其中文化和语言的魅力。

颜静兰(右二)参与通海茶叙活动

体会英语的语境，不妨从读英文诗歌开始，感受英文古典文学和语言的魅力。莎士比亚是欧洲文艺复兴时期著名的作家和诗人，一生创作了 154 首十四行诗。以莎士比亚的十四行诗“Shall I Compare Thee to a Summer's Day?”为例：

Shall I compare thee to a summer's day?
Thou art more lovely and more temperate.
Rough winds do shake the darling buds of May,
And summer's lease hath all too short a date;
Sometime too hot the eye of heaven shines,
And often is his gold complexion dimmed;
And every fair from fair sometime declines,
By chance or nature's changing course untrimmed;
But thy eternal summer shall not fade,
Nor lose possession of that fair thou ow'st;
Nor shall Death brag thou wand'erst in his shade,
When in eternal lines to time thou grow'st.
So long as men can breathe or eyes can see,
So long lives this, and this gives life to thee.

诗人把“你”(友情、爱情)比作“夏季”,因为夏季是英国最美的季节。但是“你”的美又远胜于夏季,因为夏季不够“温婉”“太短暂”,有时“太酷热”“真情被遮蔽”。每一种美都会转瞬即逝,或是因为偶然因素,或是因为自然规律。“你”的美将永驻,连死神都望而却步,“你”的美将永恒,与时空同存。最后两句点出本诗的主题:只要人能呼吸、眼睛看得见,诗歌艺术就会永存,而“你”也将永生。诗人歌颂了友情、爱情之美以及诗歌艺术的永恒。莎士比亚的十四行诗结构严谨、节奏鲜明、韵律和谐,读起来朗朗上口。莎士比亚对英语的发展演变产生了非常重要的影响,创造了许多常用的成语和格言,也创造了不少新的词语,如这首诗里的“the eye of heaven”表示太阳。还有我们熟知的“brevity is the soul of wit”(言以简为贵)、“love is blind”(爱是盲目的)、“it's Greek to me”(我完全不懂)、“gild the lily”(画蛇添足)等都出自莎士比亚的作品。

结语:

文化如水,润物无声。从广泛阅读着手,挣脱考试分数的束缚,去感受外语文化的魅力。让不同文化无声无息地相遇、有形有色地交锋,从而提升我们的语言运用能力。

学生感悟：

我们不能只通过课本学习英语，还应该通过多种渠道多元化地学习，多读经典，感受真正的英语文化。我们不要怕读不懂英文原著，应该迎难而上，感受更多的英语语言魅力。

——罗嘉莉

文稿：刘卓立

拍摄：狄慧颖

校对：刘丽娟

格物致知，知行合一

关键词：区域经济学、创新创业、实际运用

嘉宾介绍：

吴玉鸣

吴玉鸣，华东理工大学商学院副院长、教授、博士生导师，清华大学博士后，兼任中国区域科学协会理事、空间分析专业委员会委员，中国经济学年会理事、计量经济学专业委员会委员，主要从事城市与区域经济发展、应用空间计量经济分析方面的研究与教学工作，在《数量经济技术经济研究》《经济科学》《管理科学学报》等期刊发表学术论文多篇，在经济科学出版社、人民出版社出版学术著作多部，是我国最早从事空间计量经济学应用研究的学者之一，主持国家自然科学基金项目等国家级、省部级项目多项，曾获多项省部级

科研优秀成果奖，入选省级“新世纪十百千人才工程”第二层次人选。

嘉宾寄语：

我们不应该迷信权威，要将眼光放长远，了解不同学派的观点，从而形成自己的观点。

引语：

先有格物致知，后有知行合一，学以致用，乃为学之道。

格物致知

说起吴玉鸣教授主要研究的“区域经济学”，非经济专业出身的人未必能很好地理解这个术语。吴玉鸣教授指出，区域经济学研究的是区域经济现象，如“一带一路”、浦东新区、雄安新区，以及国内经济和城市经济中的一些经济现象。

俄国作家列夫·托尔斯泰曾言：“理想的书籍是智慧的钥匙。”书籍中蕴藏着无穷的知识，大学生可以通过阅读书籍扩充自己的知识储备，而阅读正确的书籍更是可以让自己寻找到开启智慧的“钥匙”。吴玉鸣教授向对经济学感兴趣的同学们推荐了美国经济学家N. 格里高利·曼昆(N. Gregory Mankiw)的《经济学原理》一书,同时也建议同学们学习亚当·斯密(Adam Smith)的《道德情操论》和《国富论》。他对同学们说:“我们不应该迷信权威,要将眼光放长远,了解不同学派的观点,从而形成自己的观点。”

知 行 合 一

华东理工大学的学生向来踊跃参与大学生课余研究计划和大学生创新创业训练计划(以下简称“大创”)这类创新创业类比赛,力求将所学的理论知识付诸实践。吴玉鸣教授认为,大创项目讲求创新,因此学生可以通过阅读书刊或者与老师交流,了解某一个选题的研究现状与进展,从而找到创新的切入点。当然,选题既要有创新之处,也要落到实处。

结语:

当代大学生不仅要努力学习理论知识、夯实理论基础,还要走出课堂、走出校园,在现实社会中实践,在实践中检验真理,从而不断实现理论创新和实践创新的良性互动。

学生感悟：

我曾经与吴教授见过一面，知道他在学术领域很有建树。吴教授的分享和建议让正受大创相关问题困扰的我有了不少收获，让我对自己的发展有了更清晰的规划。此外，在为人处世、自我管理、时间安排等方面，我也从吴教授身上获得了不少启示。

—吴绍迪

文稿：胡梦笑

拍摄：盛越

校对：刘丽娟

一方讲台，筑就滚烫人生

关键词： 园丁精神、名师风采、读书论

嘉宾介绍：

黑恩成

黑恩成，曾任华东理工大学教授，国家级教学名师，国家级和上海市级物理化学教育创新团队带头人，“物理化学”国家精品课程和上海市精品课程负责人，“物理化学”网络教育国家级精品课程负责人，“物理化学”国家级精品资源共享课负责人。

嘉宾寄语：

教材就是一部剧本，而你就是导演。能不能成为一名专业的导演，就看你是否会总结。

引语：

常教常新是砥砺前行的精神力量，学习知识是开启人生的敲门砖，常怀初心是前行路上的最佳风向标。

一方讲台，常教常新

为人师，就要不忘初心。

一方讲台，好似辛勤园丁的人生舞台。度过六十载，承载大半生，他在那一方讲台上挥洒辛勤的汗水，坚守对教书育人的热爱。“我的特点就是和同学们走得特别近，一看到同学啊，就来劲！”那一份朴素而真挚的热爱源自黑老师对培养新时代中国青年的坚定信念。“常教常新”这样一个简单的词语背后，蕴含着不寻常的努力与奋斗。“师者，所以传道授业解惑也。”教书育人之引领者，时刻以饱满的热情与丰富的知识馈赠莘莘学子，以热切的期盼为他们敲开思考与实践的大门。

勤奋求实，知行合一

读书，就要细品书中的字里行间。找个安静的角落，捧一本中意的书，慢慢地读、细细地品，将字里行间的每一份情感、每一点思考都品读出来，让它们在脑海里碰撞出不一样的火花。当头脑被知识滋润时，无论你多么焦躁不安，迷失方向的灵魂也总能觅得一份宁静。

学习，没有所谓的捷径。学习物理、化学这样抽象性强的自然学科，需要构造有条理的框架。重要概念和基本框架是学习知识的有力支点。学习就像攀登高峰，只要掌握其原理，每一步都可以走得坚实有力；自主钻研原理便是将攀登绳紧紧地握在自己手里；开拓性思考则是仰望秀丽的山顶风景，时刻保持动力。

物理、化学如同火车的枢纽站，连接着其他多门课程。联想、模型、假设、推导、归纳都是此类学科学习的重要方法。归纳、总结不是简单、死板地整理内容，而是有创造性、有特色地梳理逻辑。常常进行归纳、总结有助于我们看清学习的目的，看透所学内容的本质。培养人才需要章程，也就是教材，但教材永远不是教学的全部。

知行合一是磨炼自我的最佳方式。从步入大学的那一刻起，大学便成为梦开始的地方。紧凑的时间安排、繁重的学习与工作任务会让很多学生变得焦躁。前行之路，道阻且长，但路的尽头一定是鲜花盛开的场景。那些修改了一次又一次的方案、那一幕幕被灯光照亮的奋斗场景都将成为充实自我的有力证明和无限动力。

黑恩成(左一)参与通海茶叙活动

结语：

六十余年，不变的是教书育人之初心。书伴身旁，安抚的是那颗不安的心。前行之路还很长，那些灯仍在亮。

学生感悟：

黑老师的感悟与分享不仅让我了解了学习物理、化学的方法，而且为我之后几年的大学生活指点了迷津。永葆初心、赤诚与热爱，人生必将在一次次失败与挫折的打磨下熠熠生辉。

——马子晔

文稿：胡梦笑、顾叶恺

拍摄：李越

校对：陈梦婷

内 容 提 要

为深入贯彻落实全国高校思想政治工作会议精神，努力实现全员全程全方位育人，华东理工大学结合两校区办学实际，用心打造“通海茶叙”活动，以小规模“谈式”教育的方式，实现因材施教、因人制宜的个体化培养目标，推进育人模式从“大水漫灌”到“精准滴灌”的转变，真正落实了因事而化、因时而进、因势而新的教育理念。

本书以“青春立业，砥砺报国”为主线，围绕立志、创新、实践、文化等 8 个板块，从 650 余场活动中选取了主题鲜明、内容丰富的 30 场活动，将嘉宾们的精彩发言凝练成 30 篇文章，凸显了我校围绕素质教育的“第二课堂”进行文化育人、服务育人探索的初步成果，希望本书能为高校思政教育如何拓展“谈式”育人模式带来启示。